懂你懂我，
恋爱进行时

8万人亲自体验
爱情必胜30招

卢丽萍 ◎著

速配恋爱
ing
这辈子，你都该拥有一次「最佳爱情」
多彩多姿的学生时代
担任司仪
舞蹈比赛
合唱比赛
恋爱经验
＝
0
不然就遇到
花心大少
幼齿弟弟
想恋爱时，却…没有机会
阴盛阳衰
终于我遇见了粗旷性格男
步入礼堂
就这样含泪过了5年…
好想离婚啊
OH…NO 我是结了婚的棒球寡妇（宅男）
陪我听音乐会
我要看棒球转播
喔~假日去踏青
在家比较舒服

1995年，我投入了相亲事业
成为专业的恋爱顾问
造型建议X择友分析
约会安排
感情咨询
在帮助单身男女的过程中
我明白了爱情到底是怎么回事
Love
要改造另一半前，不如先改变自己。
让自己的婚姻化危机为转机
找到幸福甜蜜的相处之道
让你一眼就知道他是「对的人」！
成功配对过800对以上的情侣
至今皆幸福美满
跟我一起大声说：
“我想谈恋爱！”

CONTENTS
目 录

作者序　创造恋爱机会，缘分才会降临　　　　　　1

Part 1　告别单身的 9 个理由
一个人很好，两个人更幸福

理由 1　每个人都该经历一次"最佳爱情"　　　2
　　＊主动敲敲爱情大门，"剩女"变"胜女"！

理由 2　谈恋爱可以改变个性？　　　　　　　　6
　　＊相亲 42 次，另一半还没出现？

理由 3　谈恋爱会变漂亮，魅力指数飙高　　　15
　　＊男生邋遢是"MAN"，女生不爱漂亮就成"鱼干女"？

理由 4　学会付出，改掉"公主病"　　　　　　19
　　＊想追我的男人，就该任我差遣？别傻了，没人有义务要伺候你一辈子！

理由 5　丢掉"不甘心"，和过去说再见！　　　22
　　＊都分手了，还是忘不了他？

理由 6　有爱情，就有"女人味"　　　　　　　25
　　＊"称兄道弟"，只会突显"没女人味"！

| 理由7 | 爱情教我们的第一课——包容 | 29 |

* 无谓的自我设限，都是幸福的绊脚石

| 理由8 | 不再矜持骄傲，人生更圆满 | 33 |

* 找对象不是面试，学历没那么重要！

| 理由9 | 看见自己的缺点，活得更实际 | 37 |

* 难怪找不到对象，"不切实际"最要不得！

Q&A 速配达人才知道的二三事   41

Part 2　约会"读心术"的7个技巧

第一次约会，一定要懂的事

| 状况1 | 第一次约会，哪些事不能问？ | 43 |

* 从话题中找兴趣点，和谁都能聊不停

| 状况2 | 喜欢我，为什么不说？ | 47 |

* 最聪明的"读心术"，3分钟看穿他的心

| 状况3 | 女生主动约见面，好吗？ | 52 |

* 退一步，技巧性的暗示才是高招

| 状况4 | 女人可以主动出击，勇敢爱吗？ | 55 |

* 喜欢就要"技术性"地让他知道！

| 状况5 | 邀约3次才考虑见面，还要天天说"我爱你"？ | 59 |

* 有自信的人，不怕对方"不爱你"！

| 状况6 | 第一次见面就"全垒打"？ | 63 |

* "先性后爱"未必好，观察期至少半年！

| 状况 7 | 女人独立自主，不是好事？ | 67 |

*伴侣不是部属，要懂得切换角色

| Q&A | 速配达人才知道的二三事 | 71 |

Part 3 遇见最佳爱情的7个潜规则

学会爱情识人术，才能"命中注定我爱你"

| 规则 1 | 交往时出现"言语暴力"，小心婚后变本加厉！ | 73 |

*年收破百万，容易生气、自尊心强，也不是好对象

| 规则 2 | 存款、信用卡账单都是妈妈管，"妈宝男"可以交往吗？ | 81 |

*交往之前请三思，日后的婆媳相处也是学问

| 规则 3 | 别用"唠叨"的方式表达关心 | 85 |

*妈妈一个就好，别当男人的第二个妈！

| 规则 4 | 学历只能当参考，择偶标准别太苛刻 | 88 |

*女人的魅力不在学历、财力，温柔才是最锐利的武器

| 规则 5 | 收入不是重点，花钱习惯才是致命伤 | 92 |

*爱情诚可贵，但没钱万万不能！

| Column | 这样用钱的男人，请列入观察名单！ | 96 |

| 规则 6 | 敢开口跟你借钱的对象，最好小心！ | 97 |

*经济独立，才能避免过度依赖及争执

| 规则 7 | 男人出手大方，不见得是好事 | 100 |

*建筑在金钱上的感情，是祸不是福！

Part 4 幸福进行曲的7个关键

爱情需要经营，用对方法就能永久保固

关键 1 别逼他求婚，"生闷气"不如主动了解原因　104
 * 幸福需要等候，不妨先了解问题

关键 2 男友总是不带我见家人，为什么？　109
 * 也许有难言之隐，但更可能的是，你不是他的新娘人选

关键 3 公主嫁给王子，一定幸福？　114
 * 未必，个性互补比门当户对更重要

关键 4 感情的考验，从准备婚礼开始　119
 * "从此过着幸福快乐的生活"是童话故事，不是真实人生

关键 5 带小孩、工作等细节，婚前最好有共识　123
 * 解开四大迷思，婚前达成共识

Column 别想得太美好！最容易让婚姻触礁的"四大迷思"　126

关键 6 淡定男与激动女，永远没共识？　127
 * 吵架不是辩论赛，而是另一种沟通

关键 7 爱是同理心，而非占有　132
 * 牢记十大守则，谈一场最幸福的恋爱！

Column "幸福十大守则"谈一场完美的恋爱　133

Q&A 速配达人才知道的二三事　135

编后语　小编致亲爱的读者　136

作者序　创造恋爱机会，缘分才会降临

在相亲机构从事职业媒婆17年，很早以前，就有许多记者朋友建议我可以出书了！感谢出版社的青睐，帮我实现了这个多年的梦想，在晚婚、未婚人口爆增的现今社会，期盼可以带给更多单身男女一些正面的帮助。

感谢我的老板Harry先生，扮演伯乐的角色，给我一个发挥所长的舞台，让我可以将个人的天赋挥洒得淋漓尽致，例如：接受电视媒体的采访、上Live节目、负责员工的教育训练及业务的拓展，同时协助会员建立自信，提供情感咨询、造型建议等服务，最重要的是为会员推荐合适的对象，穿针引线，缔造了近七成的成功配对率！

我也要感谢与我朝夕相处的工作伙伴，大家就像一家人，团结分工，互相扶持，一起迎接工作上的每一个困境与挑战。

最后，当然要感谢我的老公和家人，让我能无后顾之忧地在事业上冲刺打拼，促成更多良缘。

也由于我本身从事姻缘事业，需要不断加强助人与沟通的技巧，提高两性关系的心理学学分，所以，在协助会员克服情感问题时，也间接地让自己的婚姻关系由疏离渐渐转变为幸福甜蜜，可谓名实相符的"助人助己"！

由衷期盼读者们看完本书以后，不会再认为"相亲"是古时候的玩意儿，或觉得是丢脸的行为。目前报名相亲机构的会员，年龄多集中在25岁至35岁之间，个个学历出色，内外兼备，条件之好，超过大家的想象。

呼吁所有的读者"做自己的主人吧！"要跟谁谈恋爱、要跟谁结婚、与谁共度一生，由自己决定，唯有创造机会，缘分才会降临！

祝福普天下单身的男女，有情人终成眷属！

速配达人

盧瑟萍

Part 1

一个人很好，
两个人更幸福

告别单身的 9个理由

理由 1 每个人都该经历一次"最佳爱情"

※ 主动敲敲爱情大门,"剩女"变"胜女"!

将近7年没交男朋友的陈小姐任职某银行,收入颇高,面目姣好,她总认为自己的条件又不差,交男朋友是小事情,只要她想要就会出现,一点都不用担心。但随着年龄渐长,看着身边的同事、姐妹一个个步上红毯,总是孤身参加喜宴的她,越显得落寞了。

陈小姐的工作时间很长,下班后只想回家休息,因此,即使她每天接触的人中不乏异性,但大多是工作上的客户、同事,很难有进一步交往的可能,"都快忘了怦然心动的感觉,好怕变成'剩女'终老一生。"没时间、没机会交朋友已成为现代人的生活常态,也是参加相亲机构的男男女女,最常见的报名动机。

我们可能每天与上百人同搭地铁、与上千人擦肩而过,但人与人的交集和心与心的距离,却越来越我想谈恋爱！！！

（昭告天下）

（走出门参与各式活动）

（参加进修课程）

（报名专业的相亲机构）

别以为自己很有本钱，积极参加社交活动，爱神才会找到你！

告别单身的9个理由　Part 1

远。此外，因为网络发达，即使不出门也能在网络上完成一切日常所需，如：网拍购物、网上订餐……人与人的交集看似很多，但真正面对面深入了解、实际交流的机会其实很少。

爱情也有"吸引力法则"，不会从天而降

爱情不会无端来敲门，尤其当你把生活过得如此封闭的时候。你知道吗？爱情也有"吸引力法则"，虽然来临的时刻无法预测，何时结束也不可捉摸，但是，我们别轻易放弃，不要在心中先认定自己是天生的"败犬"，注定要当"剩女"，请把这些标签通通从自己身上撕下来，开始穿上洋装、画点淡妆，装戴自信走出房门，告诉自己："我要改变！"昭告亲朋好友："我要恋爱了！"只要信仰幸福，它就会慢慢靠近。

幸福只有两个诀窍，如果你仍单身，别要求别人多于要求自己，把自己打造成为更好的人，才可能遇上另一个好男人；如果你正拥有一份爱情，不要太在乎自己得到多少，应该常常问自己能给予多少，给彼此保留一点空间，否则这份爱很容易窒息。

幸福需要等待，我们只要持续地相信，不放弃寻觅真爱的机会，不论你现在几岁、感情生活如何，都

将拥有一份真正属于你的最佳爱情!

卢姐小叮咛

恋爱也有"吸引力法则",下定决心"我要幸福",属于你的最佳爱情就在不远处。

理由 2　谈恋爱可以改变个性？

※ 相亲42次，另一半还没出现？

越来越多的人因为生活忙碌，没有时间结识异性，而求助于相亲机构。但是，约会次数增加，就保证能找到另一半吗？答案是否定的。苏先生是我们会员中，排约次数最高的纪录保持人，跟42位女性见过面，却始终没有找到合适的另一半。他心地善良，条件也不差，都已经鼓起勇气报名了，为什么还是没有下文，到底出了什么问题呢？

原来，他的个性虽好，但太过温吞，对任何事都没有热情也不积极，缺乏企图心。这种性格若套在女性身上，可能变成人人口中的"温柔婉约"。但是，请别忘了，不论在事业或两性关系中，男性都被认为是该主动出击的角色，因此，像苏先生这类的"草食男"，在竞争的爱情世界中自然比较吃亏。

内向没关系,"多笑"让缘分不请自来

根据我多年的经验,发现个性内向害羞的人,在找男、女朋友的过程中的确比较吃亏。只要跟不熟的人说话就会结巴,更别说营造气氛、谈笑风生。如果你的个性就是如此,最好的改善方法就是,在脸上挂着淡淡的微笑!

微笑是全世界通行的语言,也是拉近彼此距离的最佳武器,只要保持微笑,乐于倾听,互动时表现出随和亲切的态度,不论对职场互动或是生活中的人际关系,都是有所助益的。只要人缘好,就容易受到异性欢迎。

如果你并不害羞,但还是无法吸引异性的注意,桃花迟迟不降临,建议可以利用下页表格,检测自己是否具有让异性不敢恭维的"NG条件",帮助你更快找出问题。

● 下列各类选项中，请勾选你曾出现过的心态或行为。

☑ YES 请打钩

类型 1

☐ 懒得打扮自己。
☐ 认为"自然就是美"，化妆像戴上假面具。
☐ 不觉得外表重要，也不会以外在评断他人。
☐ 为了约会而刻意打扮，是很做作的行为。
☐ 想要以最真实的面貌呈现在对方面前。

类型 2

☐ 很容易担心，特别是对重视的人。
☐ 在团体中常常掌握发言权。
☐ 喜欢劝勉或纠正别人，认为是关心的表现。
☐ 是正义的侠女，好打抱不平。
☐ 在公共场合，嗓门会不自觉地比别人大。

类型 3

☐ 别人没有达到我预期的目标时，就会生气。
☐ 男人追女人，付出与牺牲理所当然。
☐ 满足我的需求，是爱我的表现。
☐ 希望男朋友凡事都把我摆在第一位。

单身有原因？看看你是哪一种类型！

☐不喜欢男朋友管我太多。

类型4

☐在爱情结束后,往往舍不得放手,最晚抽身。
☐害怕与他分手后,找不到比他更好的男人。
☐若男人不喜欢我,我会不断地付出,等待他的回应。
☐觉得等待终会有结果。
☐在两人世界中,我总是付出最多的那一个。

类型5

☐常常做出冲动的决定。
☐只要是我喜欢的人事物,一定会想尽办法得到。
☐不容易被旁人的意见影响。
☐做事往往不会顾虑太多,先做了再说。
☐就算知道对方不喜欢我,仍会积极表现爱慕之意。

类型6

☐穿着打扮偏中性,不喜欢穿裙子。
☐跟男性朋友们总是特别要好,甚至互相勾肩搭背。
☐个性不拘小节、大而化之。
☐男性友人从不把我当女人看。
☐说话比较不加修饰,有话直说。

类型 7

☐ 总是忙于许多事情，不停地工作。
☐ 享受被注目的感觉，在两性相处时也常掌握主导权。
☐ 逻辑非常清晰，总会先沙盘推演，预测各种结果。
☐ 追求完美，对于没有把握的人事物，宁可放弃。
☐ 喜欢跟别人竞争或比较，享受胜利的滋味。

类型 8

☐ 总是在意别人的眼光与想法。
☐ 常常觉得没有安全感，患得患失。
☐ 认为自己不够好，不值得被爱。
☐ 很容易负面思考，凡事都先想到最坏的结果。
☐ 比较情绪化。

做完了上述测验，来看看结果吧！如果单一类型的选项中勾选了超过三项以上，就表示你拥有该种单身女的特质，可见下页的类型说明。建议不妨从小地方开始改变自己，才能更快地招来桃花喔！

8种"单身女",你是哪一种?

第1种 邋遢型

✽ 不重视外表,也觉得花时间打扮是一件很麻烦的事情,希望另一半能接受最真实自然的自己。但是外表是决定"第一印象"的关键要素,不可不重视!

第2种 大妈型

✽ 你喜欢指点、照顾别人,自诩为正义使者,但是过度的关心,或太过武断的表达方式,反而容易让人感到压力喔!

告别单身的9个理由 Part 1

第3种　公主型

✱ 享受被人捧在手心上的感觉,认为男人本来就应该呵护女人,但是过度的要求与期待,就会变成公主病,让男人退避三舍。

第4种　鸵鸟型

✱ 对于感情较畏缩,不敢改变,也没有勇气舍去不好的恋情,追寻下一个更好的人。请相信自己是值得被认真对待的女人,重新建立自信。

第5种 飞蛾型

✱ 遇到喜欢的人就会毫无顾忌地勇往直前，但也因此容易在冲动之下，做出错误的决定。不妨学习放慢速度，确定对方心意后再前进，比较不容易受伤。

第6种 哥们儿型

✱ 大刺刺、不拘小节的个性，让你拥有好人缘，但是为什么男性友人都不会爱上你呢？或许，你缺少了点"女人味"喔！

第7种 女强人型

✽ 拥有强烈事业心的你，在职场上担任要职，管理众多部属，谁说事业与爱情不能兼顾呢？只要在男人面前收起主管气势，就没问题！

第8种 神经质型

✽ 不安全感，常常是影响感情的最大问题，也许因为你曾经被伤害过，或是由于原生家庭的问题，让你害怕被抛弃，所以需要不断确认对方是否"很爱你"！

理由3 谈恋爱会变漂亮，魅力指数飙高

※ 男生邋遢是"MAN"，女生不爱漂亮就成"鱼干女"？

不晓得大家心里会不会常常感到不平？为什么男人穿着背心、夹脚拖鞋就可以出门；女人就非得花半小时以上梳妆打扮才能见人，素颜时，还会被追问"是不是昨天熬夜睡不好？"让我不禁大叹"女人难为"，当女人还真辛苦啊！

其实，这就是男人女人天生的差异。男人是"视觉动物"，对女性的第一印象，来自于长相或外在打扮，女人则较"重感觉"。不只人类如此，就连大自然中的花朵，也需要以缤纷的色彩，吸引蜜蜂前来采蜜，这是千古不变的法则。

或许有些人觉得不公平，认为"自然就是美"，真实做自己不行吗？其实，所谓的"自然"与"原形

外表虽然不是一切,却能决定第一印象!

保养品、化妆品,都是骗女人钱的东西

make up

不屑!!

我崇尚自然素颜

黑眼圈 斑点 细纹

哇咧!

这男人太肤浅了,真正的好男人会爱我的全部

我不要婚前就像黄脸婆的女人

毕露"并不一样，自然不表示一定要让黑眼圈、斑点和细纹在跟对方初次见面时，就全部跑出来打招呼。第一次见面时，"第一印象"绝对在评分标准中占最大比例，唯有让人留下好感，才能利于日后的互动。

"裸妆"不等于"素颜"，"自然"不代表"随性"

时下非常流行的裸妆，强调透肤自然的妆感，却并非不擦任何化妆品，而是懂得利用遮瑕膏掩饰自己的缺点，带给别人舒服又自然的感觉。此外，避免穿着不合身或有脏汗的衣裤，也忌讳塞满污垢的指甲，以及好几天没洗的油头。你不需要美若天仙，但至少服装干净整齐，画点淡妆，让人赏心悦目，也是尊重对方的表现。

"适当的装扮"可以让异性的目光聚焦在你身上；透过造型、彩妆的变化，还能带给男人新鲜感，让他每次看到你都不由得发出惊叹。

不论是呐喊着"我想谈恋爱"的单身女，或是已经找到Mr. Right的幸福女孩，甚至人妻，都不可以轻忽外表的重要性。想要抓紧男人的心，最速效的方法，就是增加自己的魅力与自信，让他无时无刻不为你着迷。适当的打扮能让自己看起来更有自信,牢牢吸引男人的目光,才有机会进一步展露更美丽的内在。

卢姐小叮咛

长相美丑没有绝对的标准,打扮"干净整齐",就一定能帮自己加分,若再加上丰富的内涵,你一定能成为男人眼中的女神。不妨就从今天开始试试看吧!

理由 4　学会付出，改掉"公主病"

※ 想追我的男人，就该任我差遣？别傻了，没人有义务要伺候你一辈子！

俗话说："女儿是父亲上辈子的情人。"不少父母把女儿捧在手掌心，个个都是家中的宝贝，再加上台湾地区的女性人数比男性少，让许多女人无条件地享受公主般的待遇。

这么多年来，我碰过不少患有"公主病"的女性会员，她们开出的条件不外乎是"有钱、帅气"，还有许多甚至高达选秀级的筛选标准！这些女人的共通点就是"自我感觉非常良好，眼中只有自己"，认为挑男人跟买名牌一样，没有设计感的不要，非当季新款不要，特价品或过季货更不可能入手。

于是，她们与男人常常在初次见面后就没有下文，而男会员们告诉我的理由多半是："她全身穿戴名牌，点餐连价格都不看，我担心以后养不起

美貌会过期，体凉最重要

一出场就是吸引众人目光的公主

带我吃夜市的out！骑机车的out

不能随传随到的

> 我想吃XX家韩式豆腐锅，限你10分钟到！

20年后…

> 怎么还没来…

她。""她不能晒到太阳、不坐机车、不吃路边摊，而且还不把我当人看！"

想要命中注定他爱你？请先戒除公主病！

男人们在年少轻狂时，会想要赢得公主的芳心，以此获得成就感；但是随着年纪渐长，男人挑选对象的心态，也会逐渐脚踏实地，开始找寻能够共组家庭的"牵手"，而不是娶位娇娇女，服侍她一辈子。

我们可以让自己的外表看起来如公主般高贵优雅，但内心要谦卑柔和。学习看见别人的优点，珍惜对方的真心，唯有互相体谅，两个人才可能走得长远，否则就算条件再好，另一半也很难与你携手共度一生。

卢姐小叮咛

你可以打扮得像公主，但个性可千万不能喔！也许刚交往时，男人还可以忍受公主女友；但交往久了，一定会受不了的。请记得，唯有"相互体谅"才是相处的不二法门。

告别单身的9个理由　Part 1

理由 5 丢掉"不甘心",和过去说再见!

※ 都分手了,还是忘不了他?

多年的速配经验,让我的观察力变得更为敏锐,曾经有位李小姐,安排她相亲多次都没有任何进展,我关心地问她:"你上一段感情至今多久了?当初怎么分手的?"听到我这样问,她的眼泪马上夺眶而出,边哭边说:"我前男友劈腿,我好不甘心……"

而另一位王小姐,则是指定相亲对象的职业非医生不可,在好奇心驱使下,我询问原因,才知道原来她的上一任男友是医生,虽然分手了,但至今还是放不下那段感情。基于比较的心态和面子的因素,她仍希望下一位男友的职业是医生,以弥补心中的缺憾。

选择"原谅",让自己变成更好的女人

许多人无法走出分手的阴影,其实是源于"不甘心",不甘心浪费了好多年的时间、不甘心自己的

无法忘怀已逝恋情？别一直活在回忆里！

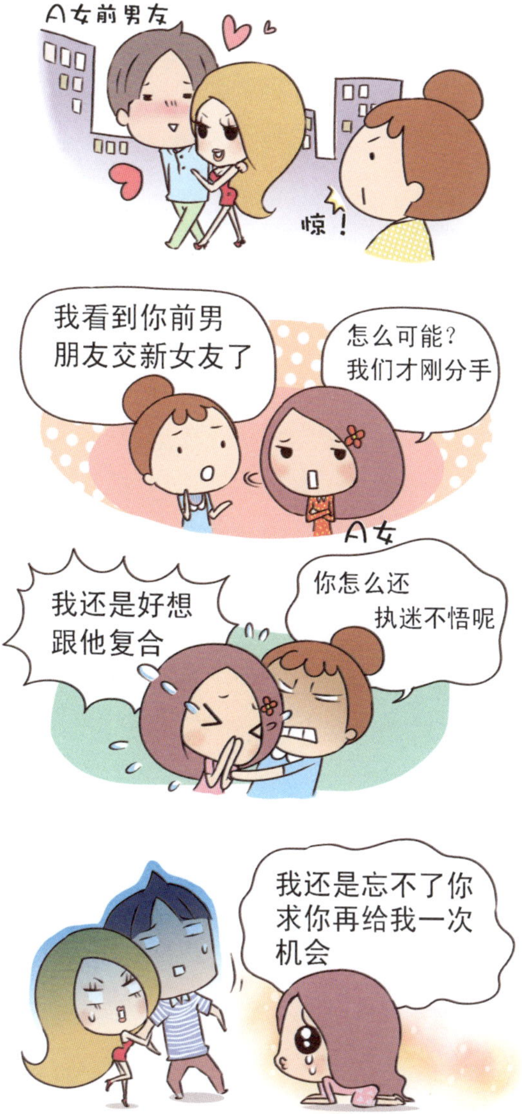

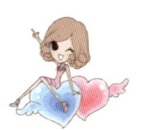

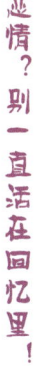

感情被践踏、不甘心输给第三者、不甘心他不再爱你……许多的不甘心，将自己捆绑在伤心的回忆里，隔绝在爱情之外，但是伤你的他不会知道，痛苦的唯有自己。

我想告诉所有女人，我们是如此美丽，何必为了一个不值得的人伤心流泪呢？原谅是一种选择，你不原谅他，就等于是不放过自己。不如换个角度想，一段认真相待的感情，若在转身之后，无法留下足以让生命成长的经验，那才真是浪费了这份感情与时间。把上一段的经验化作养分，滋养下一段恋情。在转身之后，遇见更好的自己，才能让更好的男人进入你的生命。

卢姐小叮咛

学习建立自信心，相信自己绝对是值得被爱的。遇见错误的对象，还是要勇敢说再见，不要存有报复心态，伤害下一位无辜的人。

理由 6　有爱情，就有"女人味"

※ "称兄道弟"，只会突显"没女人味"！

某天，一位女性会员大剌剌地走进来，我问她："你等一下不是有约会吗？难道你要穿这样赴约？"女会员说："对啊！不好吗？"她一头利落的短发，穿着嘻哈风上衣、牛仔垮裤，的确是很有型。但远看还真像男人呢！

"不是我不会打扮，只是我觉得刻意女性化，就不是我自己啦！"很多喜欢做中性打扮的女人，都对女人味有很大误解，以为穿着短裙，最好再挤点乳沟，并蹬上一双让人行动不便的高跟鞋，还要浓妆艳抹，才算有女人味，更有女会员不屑地说："早上一层层抹上脸，晚上再一层层卸掉，化妆真是太麻烦了！"真是大错特错的观念啊！

很多较为中性化的女人，都认为女人味是意指女人借由打扮、表情或语气燃起男人怜惜的心，所以对有种女孩是…

身边都是男性朋友、兄弟,很难培养女人味

个性豪爽

干了!别跟我客气

大呼小叫

菜上这么慢叫经理出来

我觉得…好像在跟男人交往

此嗤之以鼻，认为"我就是不会像小女人一样，娇滴滴地撒娇！"我只想要"做自己"。

其实，男人真正喜欢的应该是一种安稳、舒服的特质，而这种特质只有女性才能散发出来，他们无法从与哥们儿的相处当中感受得到。不知道该从何处培养女人味吗？建议参考下页表格，只要做到下列几点，就能自然而然散发出女人味，身边的男性友人看到你的改变，谁还会再把你当兄弟呢！

卢姐小叮咛

请放下"大剌剌地做自己才不做作"的偏见吧！拿出每个女人天生具有的温柔心，融化男人的刚强。

幸福小秘诀

善用女人的"温柔特质"

1　打扮女性化一些
头发不要比男人短,穿着不可比男人"MAN"。(东方男性特别偏爱长发的女人,这一点,卢姐也没辙!)

2　多倾听,当他的垃圾桶
男人心情不好时,不需要一直提供自己的意见,只需耐心倾听,让他好好抒发情绪。

3　用词小心,眼神很重要
把称兄道弟的言行举止收起来,学习用眼睛说话。

4　适当的称赞有助感情升温
不要把"贬抑他人"当做玩笑,多赞美,而非不断批评他。

理由 7 爱情教我们的第一课——包容

※ 无谓的自我设限，都是幸福的绊脚石

不晓得大家身边有没有这种人？明明美艳动人，身边围绕不少蜜蜂、苍蝇，也很懂得享受生活，却一直单身，没有对象，不时向友人发出求救讯息说："多帮我介绍朋友啦！"但热心帮忙介绍后，又往往没有下文。大家都觉得纳闷，条件这么好的女人怎么可能交不到男朋友？

其实，问题在于她自己！大家有发现吗？使用搜寻引擎时，如果设定的关键字越多，得出的结果就相对越少，挑选对象亦是如此。很多人以年龄、学历、薪水、星座、血型等外在条件为交友准则，又执著于自己的刻板印象，像是坚决不再跟与前男友同星座的人交往；算命师告诫相差3、6、9岁的人不能结缘；或是基督教教友无法与佛教徒相处等等。

因为职业的关系，我听过太多稀奇古怪的择友关

当佛教男孩遇上基督教女孩

基督徒遇上佛教徒，一样长长久久

星期天的时光

老公去市场　　老婆上教堂

做完礼拜了？我也买好菜了

谢谢老公来接我，回家我做饭给你吃

不同的信仰，仍可以过得很幸福

键字，略懂面相的左小姐忌讳X男有暴牙，又嫌弃Y男人中太短、鼻梁太塌；杨先生则是因为对方没有卧蚕，因而拒绝交往……什么奇怪的限制都有。

佛教徒和基督徒结婚，一样幸福美满

我曾撮合过一对信仰相异的会员，老公是佛教徒，老婆信仰基督教，两人至今幸福美满。星期日早上老婆上教堂做礼拜，老公就去菜市场买菜，买完后顺道去教堂接老婆回家，茶余饭后，老公读心经，老婆则在一旁看圣经，尊重对方的信仰。我认为，不论何种宗教、哪部经典，皆以"滋养心灵、劝人向善"为宗旨，其实殊途同归，没有必要争辩好坏或攻讦对方，反而更应该怀抱一颗宽容的心，面对不同的宗教信仰。

另有位摩羯座的胡小姐，职业是电视台的专业彩妆师，帮不少当红艺人化过妆，跟一般女性会员一样开出身材高大、家庭背景好等条件，并表示："卢姐，我绝对不要摩羯座的男生。"我非常不解，她说："因为我之前与摩羯座的男人交往过，我们的个性超级不合。"但很巧合的，当时有一位身高180公分，体重70公斤，双眼皮、高鼻梁、笑容阳光的邻家男孩型会员，从小在国外念书，回国后家人资助他开

设美语补习班，经济实力雄厚，在各方面都和胡小姐很相配，唯一不符合的条件就是星座。

起先胡小姐说什么也不愿意见他一面，我百般劝告："这位先生真的是不可多得的好对象，星座仅供参考，不要太过迷信而错失难得的机会。"结果，她与这位摩羯男只约会一次，就发现遇到真命天子，快乐地步入婚姻殿堂了！相信卢姐，选择对象不需要限制太多条件，姻缘来时，你想挡都挡不住。

卢姐小叮咛

如果遇到一个与你价值观相近，人品及内涵都优秀的对象时，就别再拘泥于无谓的条件，勇敢跨出第一步吧！爱情正等着你呢！

理由 8　不再矜持骄傲，人生更圆满

※ 找对象不是面试，学历没那么重要！

随着教育的普及，大学毕业已经成为所有女性会员都会提出的择友条件之一。有的还明确指出："改制的学校不算、私立的大学不要，更不能是教育部门没承认的。"我总是暗自想说："都还没见过面，为什么要只因为学历而否定一个人呢？"

学历与分数真的不代表一切！像我就是一个例子，卢姐在学生时期，是常常上台领奖的风云人物，多才多艺、待人和善，深受师长和同学的喜爱，但唯独数理科是我的死穴，考试国文、英文拿满分，数学、物理的分数却只有个位数，总分因此达不到标准，就被台湾地区的联考拒绝了。

像我这样的例子一定不少，学历并不代表人品与能力，有些人提早进入社会，经历社会大学的历练、磨砺之后，累积的实力和态度，才是决定成败的

高学历，不一定就是理想的伴侣

喔呵呵…
我男友是双博士喔

啊！！！有人出车祸了！

不要多管闲事

小心他栽赃我们！

真是对你好失望喔

没啥良心

关键。也有一些高材生一直在封闭的环境中念书、研究，而待人处世的态度、人际关系、两性沟通等，在课本中是没办法学到的。更何况生活圈狭隘，习惯以自我为中心的人，多半自视甚高、主观性强、难以沟通。因此，文凭亮眼但观念不佳的人，在两性关系中，反而容易成为烫手山芋，人人避之唯恐不及。

不能光靠文凭找老公，人品才重要

卢姐并不是泛指学历为博士或硕士的对象都不好，一竿子打翻所有人，只是奉劝各位，不要把学历摆在择友条件的第一顺位，直接以学历筛选对象，应该先判断这个人是否适合自己，人格或个性好不好，才是最重要的。

当然，并非所有的博士都不容易找到对象，也有只约会一次就找到意中人的。有位博士生个性风趣、谈吐幽默，喜爱拉小提琴和中提琴，假日的休闲活动是登山旅行，曾经在国外念书8年。这么好的男生怎么会没有对象呢？原因在于他有过一次失败的婚姻经验，已经走出伤痛的他，更懂得珍惜，因此想要重新寻找另一半，便来请我帮忙。

我在众多女性中，安排了一位同为台湾最高学府毕业的硕士生，对方也正在找寻第二春，而且长相清秀、身材纤细，担任公务员，还利用假日攻读博士，非常有上进心。两人第一次见面就一拍即合，约会全程几乎都用英文交谈，最后当然有情人终成眷属啰！我认为，曾经历失败而不再矜持骄傲的两个人，都拥有圆融的处世态度和更加体贴包容的心，是成就这段姻缘的完美调和剂。

卢姐小叮咛

其实我老公的家境并不富裕，也没有高学历。但是我看见他善良孝顺、爱孩子的一面，所以，挑选适合自己的对象才重要，学历仅供参考！

理由 9 看见自己的缺点，活得更实际

※ 难怪找不到对象，"不切实际"最要不得！

近几年因为偶像剧发展蓬勃，艺人的形象亲民许多，居然有不少男、女会员拿着偶像明星的照片来找我，"卢姐，我要这一型的人。"我真的很想对他（她）当头棒喝，别再做白日梦啦！以为明星跟你很熟吗？明星都是万中选一的，把这样的条件拿来择偶，相信卢姐，到下半辈子也找不到好对象。

曾有位长相普通的男会员，排约前寄了张照片给我，并写道："我喜欢这一型的女人。"我正想着一定要帮他找到好对象，结果打开信件一看，这不是艺人陈乔恩的照片嘛！我回复他："如果你希望另一半像陈乔恩，我可能没有办法帮你喔！"

"卢姐，照片只是提供参考。"会员着急地说。我说："天使般的脸孔、魔鬼般的身材，当然是全天下男人心目中的女神，但是，请问你的外形像高以翔

活在幻想世界中，终有一天要面对现实

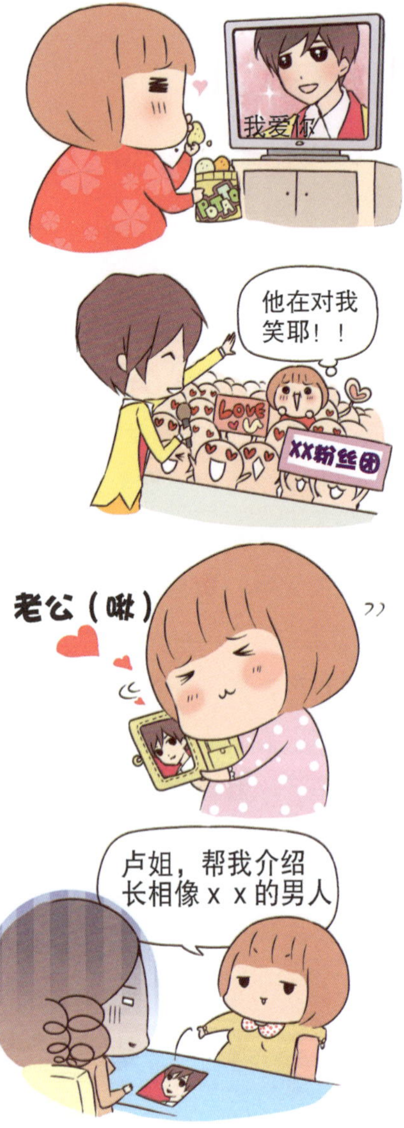

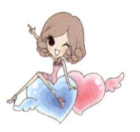

或邱泽吗？"他还是执迷不悟地说："相信有一天，我一定会找到我的陈乔恩！"醒醒吧！千万不要把明星艺人当做寻找对象的条件，如果要找与自己共度下半生的对象，实际才是最高原则！

真实世界中，很难存在"大仁哥"

前阵子爆红的偶像剧男主角李大仁，在剧中以好朋友身份深爱女主角程又青多年，又青失恋时陪她喝酒解闷，恋爱时仍为她默默付出。而且，最让女性观众无法抗拒的是，大仁哥还会帮女朋友卸妆、买卫生棉，无微不至的贴心照顾与温柔浪漫，让不少女性都直呼："我也好想要有一位大仁哥！"

这让我想起，几年前另一部偶像剧当红时，有位体型圆润的女会员，身体歪斜地坐在我对面，双脚抖不停，手指头还不停卷着头发，嘴巴嘟得高高地说："我可是外貌协会的！我要的条件不多，嗯……长相大概跟阮经天一样就好！"我当下真是差点从椅子上摔下来，心想："可你长得又不像杨谨华。"

之后，又来了一位穿着打扮像"舞棍阿伯"的熟男，腰间挂着一串钥匙，讲话一板一眼，要求对象要有小巧的瓜子脸、纤细匀称的小腿、吹弹可破的皮肤，更是让我无言以对。恕我直言，在幻想中找对象，是永远不会有结果的。因为不仅是你要挑别人，别人也要选对象，两人的条件相当，才有可能看对眼，成为真正的"速配恋人"。

卢姐小叮咛

挑选另一半一定要实际，才能相伴一生，不要老是眷恋遥不可及的梦中情人，"眼高手低"注定只能孤芳自赏！

Q1 为什么一直找不到对象？我有问题吗？

可能对于自己或爱情的信心不足，所以始终找不到理想对象；也可能是因为曾经受过伤，使自己不想再将感情与时间投注在不对的人身上；有些人则是对自己没自信，个性内向害羞，总是在竞争的恋爱市场中吃亏受挫。

恋爱是需要练习的，只要改善"单身体质"，就能成为值得另一半倚赖的理想情人，以下是男女择友条件排行榜，不妨当做参考。

速配达人才知道的二三事

	男性	女性
第一名	身材均匀	才华洋溢
第二名	合宜妆扮	财经地位高
第三名	温柔体贴	风度佳、身材高

告别单身的9个理由 Part 1

Part 2

第一次约会,
一定要懂的事

约会"读心术"的7个技巧

状况 1 第一次约会，哪些事不能问？

※ 从话题中找兴趣点，和谁都能聊不停

两人刚认识或第一次单独约会时，还不了解彼此的喜好和厌恶，容易紧张或放不开，不小心就陷入无话可说的窘境。其实，只要保持平常心，脸上挂着淡淡的微笑，就能慢慢拉近彼此的距离。仔细聆听，从他的反应与表情判断喜恶，从对话中延伸下一个话题，就能不断转换话题，找出两人共同的频率。

第一印象，决定恋情成败的关键！

一般来说，适合初次见面聊天的话题，多半是旅行、美食与逛街，或与文艺相关的话题（如：书籍、音乐、电影）也不容易出错。分享个人的想法或经验时，避免滔滔不绝地发言或负面的批评。最忌讳不懂得察言观色，如果对方只是虚应两声、不感兴趣的样子，甚至开始左顾右盼、打哈欠，就要立刻转换话题，或是提出问题，也问问对方的看法。另外政治、

约会话题教战守则

第一次约会，就Hold住场面的4大绝招！

1. 表达关心
- 你坐地铁来的吗？
- 这个地点方便吗？
- 第一次来这里吗？
- 你吃不吃辣？

2. 自我介绍
- 家庭背景
- 工作内容
- 兴趣或才艺
- 生涯规划

3. 适度称赞
- 你好健谈，跟你聊天很愉快！
- 你的气色真好！
- 你的发型很好看！
- 很开心与你见面！

4. 寻找共同兴趣
- 喜欢的人、事、物
- 喜欢的电影、书籍或音乐
- 假日的休闲活动
- 过往的旅行经验

宗教、财务状况等话题最容易出现意见相左的对立情形，或是给人探询隐私的感觉，尽量避免！

如果因为一时紧张，脑筋打结想不出话题，建议可以换个场所到户外走走，缓和情绪，离开餐厅去看部电影，或到热闹的地方，街上的商品或店面都可以信手拈来当做话题。为了打破初次见面的尴尬气氛，努力找话题当然无可厚非，但是若因此说错话，反而会被大大扣分！下列3个谈话的禁忌，务必要注意，在约会中可千万别说！

卢姐小叮咛

口无遮拦的人，话说出口前，要先思考，毕竟才刚认识，对方没必要全盘接受你的过去和缺点。因此，挑选话题、斟酌用字，非常重要。

幸福小秘诀

约会时，这些话千万别说！

别问隐私

切勿初次见面就探询较敏感的隐私问题，如："你交过几个男（女）朋友？"、"你一个月薪水多少？"、"你割过双眼皮吗？"等。

不要抱怨与批评

脾气较不好的人，在约会时更要注意言行，不要一直抱怨工作、批评服务生，像是"我每天都加班，连约会的时间都没有"、"这家餐厅的服务也太差了吧！"

个人的缺点与过去，不必全盘托出

对于个人的过去或缺点，可以慢慢让对方了解，不用急着第一次见面就说出来，如："其实我的脾气非常不好"、"先跟你说，我有抽烟的习惯！"、"我从来没有谈过恋爱！"、"我曾和男友同居过"等。

状况 2 喜欢我，为什么不说？

※ 最聪明的"读心术"，3分钟看穿他的心

"上次约会，他到底对我有没有好感？"这是很多女会员常问我的问题。在专业的相亲机构中，通常有"约后关怀"的制度，在男、女会员第一次见面之后，会有专人分别打电话关心双方这次约会的过程如何？彼此的印象如何？但是如果少了第三者的询问，又该如何得知上次约会的他，到底对你有没有好感呢？

"对话是否热络"、"气氛是否愉悦"，是最基础的判断方式。如果感觉对方兴趣索然，也不愿意刻意丢出话题营造气氛，不是他不善于与人打交道，就是他只想要快点"抽身闪人"。另外，眼神是最无法掩饰的讯号，当对面坐着心仪的人，想当然，他必定双眼发光，甚至目不转睛。或是也有看到喜欢的女生，就会脸红心跳的害羞男生，这些只要多用点心就从小细节搞懂「他在想什么」!

（聊天专注，眼中只有妳）

（想更了解你）

你的兴趣是什么？喜欢动物吗？

（主动关心你的需要）

服务生请帮忙加水

（舍不得与你say good-bye）

吃完饭后想去看电影吗？

能轻易察觉到。

再者，若他开始对你的习惯或生活感兴趣，甚至注意到你的小需求，例如：问你习不习惯吃辣、有没有不敢吃的食物、主动请服务生帮你的空杯加水等，就表示他对你"略有好感"了。

到了约会将近结束时，如果他对你"非常有意思"，一定能感受到他依依不舍的情绪。但是每个人的表现方式都不太相同，有的人也许想拖延离别的时间，问你"要不要再看一场电影？"或是直接跟你约定下一次见面的时间。

再三确认，以免自作多情

但女生如何判断是不是自己"一厢情愿"呢？可能有些具有绅士风范的男人，认为贴心小举动只是一种礼貌的表现，泛用在每位女性身上。

所以即使他会轻扶着你的肩膀过马路，或是微拉手臂引导你走内侧，让你的心已经小鹿乱撞，暗自猜测："他是不是喜欢我？"

卢姐建议，不妨在道别后发个短信："今天跟你出去真的很开心（举一件实际的例子赞美他），希望我们有机会再次见面。"这是最关键的步骤，若他迟迟没有回复，也没有再提出下一次约会的邀请，那就

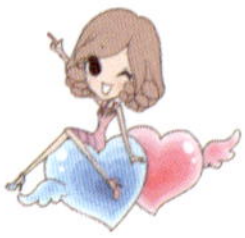

他只对我好，还是对每个女生都这么好？

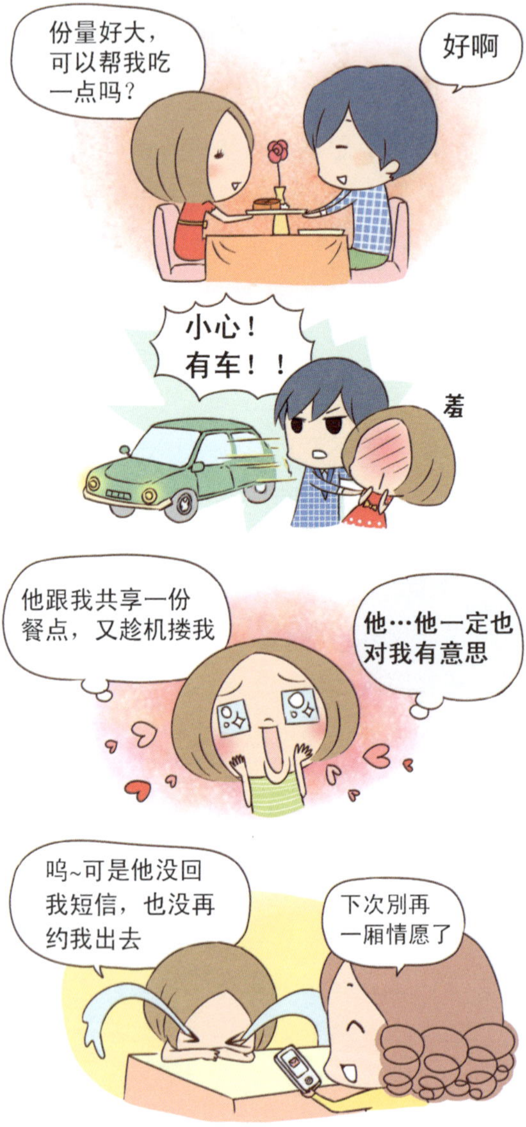

表示以上的体贴举动，纯粹只是出于礼貌而已。也不用太伤心，天涯何处无芳草，多给自己一些机会，未必不是好事。

卢姐小叮咛

从他回复你的短信速度快慢及热络程度，就可以断定是"郎有情，妹有意"？还是"自作多情"喔！

状况 3 女生主动约见面，好吗？

※ 退一步，技巧性的暗示才是高招

你到现在还是小姑独处，遇到喜欢的人也不敢表示爱意吗？别再害羞，现在都什么年代了，如果你总是矜持，不敢主动出击，好男人可是不会等你的喔！我非常鼓励女性朋友们，遇到适合的对象时，就要勇敢表示。但是，"示爱"要有技巧，不要如飞蛾扑火一般，那样可是会吓跑男人的。

之前曾有一位熟女级的林小姐，某次在网络上与一位男网友相谈甚欢，觉得对方一定深深地爱上了她，因此，主动约男网友见面。但是见面后，男网友并没有再约她。

别再穷追猛打，要"收放自如"

自认为和男网友"感情深厚"的林小姐，便开始用尽各种方法，观察男网友的脸书状态、搜寻他的家

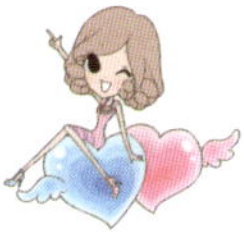

对爱情如飞蛾扑火？小心吓跑男人！

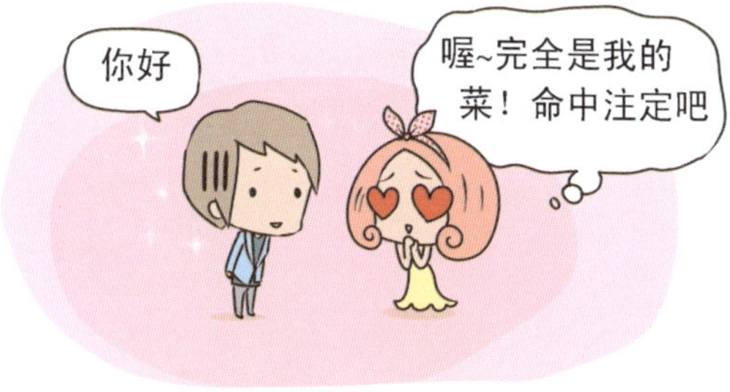

you are my darling~
我想要分分秒秒知道你在做什么

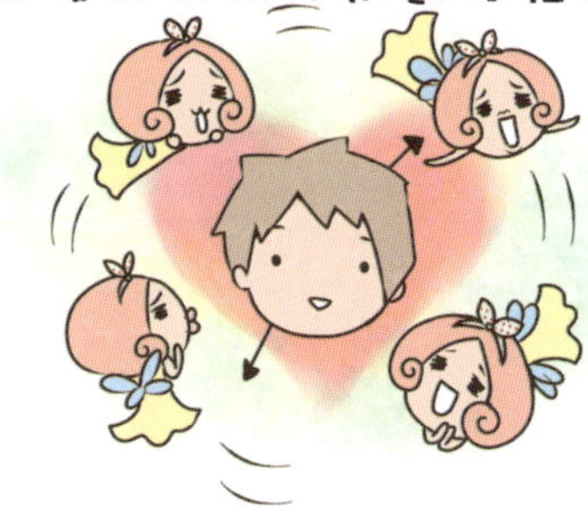

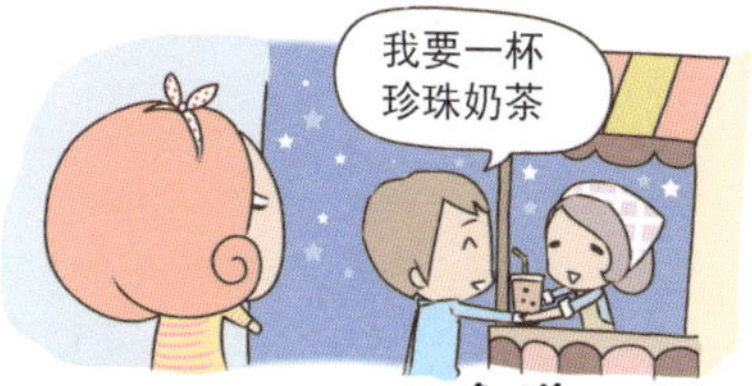

触碰

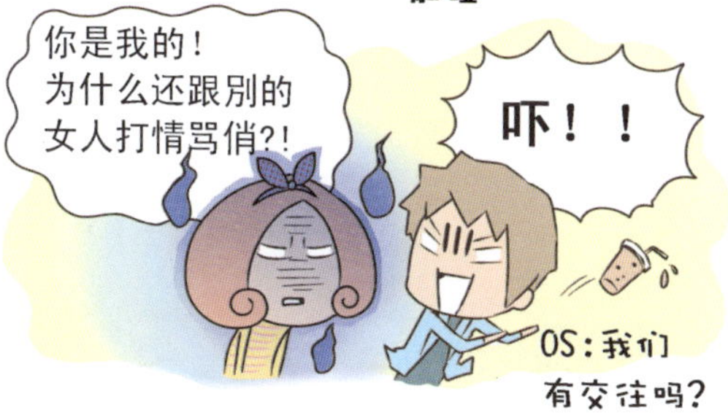

庭和公司地址，调查他任何可能"出轨"的嫌疑，行径非常疯狂。

女人要表达爱意，比较不适宜用太过直率坦白的方式，当喜欢一个人时，可以先试探对方的想法，是否和自己一样，若两人情投意合，其实女人只要再释出一点点善意，就很容易达到成功；但若对方的真命天女不是你，那么，不要再穷追猛打当个烈女，抱着"非君不嫁"的心态。强摘的果实不会甜，为了不爱自己的男人牺牲矜持与自尊，一点都不值得。

卢姐小叮咛

在想要为爱冲刺前，请先"停、看、听"，听听亲友及专家的建议，有时候反而能看见一般人看不到的盲点，避免自己因爱错人而受伤。

状况 4 女人可以主动出击，勇敢爱吗？

※ 喜欢就要"技术性"地让他知道！

对于心仪的对象，总是不知道该如何开口？女人主动出击，会不会吓跑男人？俗话说："女追男，隔层纱。"假如你偏偏喜欢上木讷寡言的"食草男"，或是不需主动追求就有一堆女生倒贴的超级大帅哥，又该怎么办呢？别害怕！只要拿出自信，态度落落大方，不要像花痴般穷追猛打。我认为，fall in love的概率绝对比痴痴等候又不敢表明来得高多了。

我并不是要女人横冲直撞地直接示爱、投怀送抱！男人喜欢自己捕捉来的猎物，所以不建议直接对他说"我喜欢你"。"女追男"已不再是丢人的事，但如果想快、狠、准地掳获男人心，不妨使用下页的绝招，就能牢牢抓住他的目光！

主动出击，偷心的必杀8步骤

[情不自禁爱上你] 偶像剧心机

♡ 心机1 奢侈名牌out，平价好感

♡ 心机2 不经意的关心问候

> 你最近好像比较晚下班？

♡ 心机3 满足男性英雄心态

> 东西放太高了可以帮我拿吗

♡ 心机4 常常出现在他面前

♥ 心机5 让对方知道妳在注意他

新发型真好看

♥ 心机6 隔三差五夸奖他

今天你表现得真好

♥ 心机7 不失矜持地邀约

最近有部电影不错~好想看

♥ 心机8 从他的哥儿们下手

她不错耶~要好好把握

我喜欢你请…请**跟我交往！**

约会"读心术"的7个技巧　Part 2

幸福小秘诀

想要抓住男人心,你得掌握三大重点!

Point 1

POINT1　他的感情状况

"女追男"最重要的关键就是先了解对方的感情状况,确定他目前是否单身,再展开行动。否则还没追到他,就不明不白地当了小三,那可就冤枉啦!

Point 2

POINT2　出击的时间点

如果两人相处非常自在,已经有一定的友谊基础了,就可以展开行动,但是建议时间不要超过3个月。假如你们认识已经3个月,他还不曾主动联络你,那就表示"他其实没那么喜欢你",这时就要适时放弃,别再穷追不舍了。

Point 3

POINT3　偷心的战术

千万不可以使用"直接进攻"的方式,战况尚未明朗之前,都别将"我喜欢你"、"我爱你"等直白示爱的话说出口。最大禁忌就是"主动投怀送抱",不管他对你有没有好感,都会给人轻浮随便的印象。

状况 5 邀约3次才考虑见面，还要天天说"我爱你"？

※ 有自信的人，不怕对方"不爱你"！

徐小姐已经报名相亲机构好几个月了，却没有答应过任何男会员的邀约，追问之下，我才知道原来每次帮她排约，如果男会员对她有好感，想要邀约见面，她都不给明确的答复。对方好不容易鼓起勇气再次邀约，徐小姐就会不断询问："你为什么要约我？我有什么优点吗？"

长久下来，让不少男会员都对她敬而远之，觉得虽然她的条件不错，但似乎只可远观，无法亲近。我问她为什么不给男人们一些机会呢？何况有些也是她看着比较满意的对象，不该让机会轻易流逝。她却回答："我觉得如果他对我有好感，应该要约我3次以上才对，这样才能证明他是真的喜欢我啊！"

徐小姐就是典型的神经质个性，凡事只往坏的方面想，容易把事情复杂化。这种类型的女性，多半

疑神疑鬼，只会让对方「好想逃」！

第一次约会

你以前交过几个女朋友？怎么分手的？

你爱不爱我？爱我哪里？

查电脑
偷查手机
查发票

再交往下去我真的会疯掉

是因为小时候极少得到父母的肯定，因为东方社会的教育理念，多以责骂代替关爱，很少父母会对孩子说句："我爱你！"

缺乏自信，对任何事都会"穷紧张"

在这种教育之下长大的孩子，会对自己缺乏自信，容易患得患失，需要不断透过确认的动作，像是每天都要男友说"我爱你"、硬要对方说出喜欢自己的原因，以确定自己在对方心中的地位；或是不容易相信他人，如果对方稍有异状，就会采取保护自己的动作，例如：查看男朋友的手机、调阅电脑中的聊天记录等等。会出现这些行为，都是因为在潜意识中，对自己没有信心，害怕被抛弃。

卢姐认为，要建立一段美好的关系，最重要的是，自己先拥有健康的心，正所谓"先爱自己，才能爱别人"。爱自己不是买许多名牌精品，而是完全地接受、认真地喜欢自己。即使知道自己有大大小小的不完美，也能大声说出："这就是我！"不必倚赖别人的评价、男人的爱或一段婚姻，建立自我价值；不必变成"别人想要的模样"，害怕不够好而扭曲了原本的自己。

信心是可以学习、建立的,只要你拿出勇气,大步向前走,人人都可以成为有自信的阳光女孩!

卢姐小叮咛

信任是幸福的来源。相信独一无二的自己,是值得被爱的;相信爱情,信任你所选择的他。

状况 6 第一次见面就"全垒打"?

※ "先性后爱"未必好,观察期至少半年!

现代社会风气越来越开放,先有后婚或是未婚生子都不足为奇,再加上偶像剧、电影中多有类似剧情,我们也逐渐被影响。现在的人多半不介意婚前性行为,女人也不再死守贞操,觉得全世界的人都如此,自己还守身如玉岂不太落伍了?

但是,卢姐要告诉大家,女人一旦与男人接吻之后,男性的荷尔蒙就会强烈分泌,进而想要拥抱,拥抱之后仍不满足,就会希望有更进一步的亲密关系,想要更深入地交往。

"亲密接触"时,一定要做好保护措施

如果,两个人没有一定的感情基础,彼此不够了解、心灵缺少交流,只将感情建立在本能的欲望之上,就很容易产生倦怠感,一下子就腻了,也无法共

第一次约会，请避开这「4种场所」！

包厢式或隐密空间的场所 ❌

偏僻少人的荒郊野外 ❌

❌ 男人家

❌ 任何有床的地方！！！

同渡过难关。正因为其他女人的防线渐渐失守，若你仍坚持原则，男人才会觉得你是特别与稀有的，如同珍宝。

　　卢姐建议，初次见面两个人最好约在公共场所，不要到ＫＴＶ或汽车旅馆等容易引诱犯罪的地方。若想要更进一步发展亲密关系，也要先交往至少半年，等打稳感情根基，确定对方是认真对待你时再考虑。发生性行为时，女人一定要懂得做好保护措施，建立正确且安全的性观念，也是爱护自己的表现喔！

卢姐小叮咛

卢姐还是要叮咛，不要太快就有亲密关系，先交往一段时间，让感情基础稳定，确认对方是否适合自己，再有进一步的接触。

幸福小秘诀　六大推荐约会地点

NO. 1 内行人推荐的私房coffee shop

NO. 2 到夜市吃吃逛逛，打牙祭

NO. 3 价格不贵、评价又高的人气餐厅

NO. 4 假日时，吃顿悠闲的早午餐

NO. 5 享受现场听觉盛宴的音乐餐厅

NO. 6 富有文艺气息的美术馆或音乐会

状况 7：女人独立自主，不是好事？

※ 伴侣不是部属，要懂得切换角色

随着社会不断进步，职场小资女越来越多，以轻熟女之姿担任高层主管者并不在少数，但往往职场爬得越高，身边的桃花就越不见踪影。"我只是认真工作，事业心重，为什么男人不懂得欣赏我的优点呢？"女会员不解地抱怨着。

其实女人的能力比男人强、收入比男人多，都不是成为桃花绝缘体的原因。女强人所散发出来的强势气质，恐怕才是令男人退避三舍的主因，因为男人什么都能丢，唯独不能"丢面子"！

女强人在公司习惯发号施令、讲话果决、眼神犀利，主管

有种女人是女王，在职场上呼风唤雨

女人太强势，容易变成「败犬」！

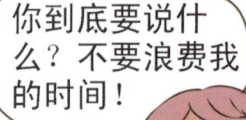

我很忙

讲重点

你到底要说什么？不要浪费我的时间！

……

我想要可以谈心的女友，不是咄咄逼人的上司。

当久了，下班后，这种姿态也会不自觉地流露出来，卢姐也是过来人，婚姻还因此出现危机。后来才警觉到，职场上的强势，其实是婚姻中最致命的伤害，差点毁了我的幸福。

认真工作，不一定等于"女强人"！

相较之下，有一位女主持人，在演艺圈以机智闻名，事业、婚姻两得意，她常常在大型典礼中展现大将之风，但接受访问时，却总说自己在家是个小女人。她的言谈中常常充满着对丈夫的爱慕与称赞，不但帮老公赢了面子，塑造新好男人的形象，夫妻两人更成为幸福家庭的最佳代言人。

刚强、保护另一半本来就是男人的天性，当女人把职场上的气势与光环，压在男人的头上时，就会让他们的自尊受到挑战。

所以，强势的牛人请试着学习放低姿态，好好沟通，适时地装傻、装糊涂，依照下列4点，收起女强人的姿态，享受被男人照顾与保护的感觉吧！

1 不要什么事情都"自己来",记得请男人帮忙!

2 千万不能在外人面前指正男人,而要常常称赞他!

3 不要把男人当下属教导——"我不是说过好几次了……"

4 若意见冲突时,多听他的想法,有耐心地沟通,口气一定要委婉!

卢姐小叮咛

就算再干练的女性,都需要一个可以依靠的厚实肩膀。在喜欢的人面前,学着卸下武装的盔甲吧!

Q2 自由恋爱真的好吗？"相亲"很老套？

速配达人才知道的二三事

自由恋爱是双方在不经意的情况下认识，渐渐从友谊发展成爱情的恋爱模式。相亲则是双方经由一定的渠道，将自己的择偶条件告知第三方，若两人的条件相符，第三方再介绍彼此认识。不必煞费苦心在茫茫人海中寻觅，可以节省许多时间与精力。

恋爱和相亲没有好坏之分，如果你正处于青春年华的时期，卢姐建议一定要放胆尝试自由恋爱的浪漫滋味，遇见一个吸引你的人，并让自己成为更好的人。

但是如果已届适婚年龄，朋友都有对象了，父母也开始关心你的感情状况时，时间便不容许你再绕远路或走走停停！这时不妨寻求专业的相亲机构，节省时间，避免困扰，就能事半功倍喔！

Part 3

学会爱情识人术，才能"命中注定我爱你"

遇见最佳爱情的7个潜规则

规则 1 交往时出现"言语暴力",小心婚后变本加厉!

※ 年收入破百万,容易生气、自尊心强,也不是好对象

又接到一通会员哭诉失恋的电话:"卢姐,为什么我这么爱他,他还忍心这样对我?"很多女人对爱情都有一种迷思,认为自己牺牲奉献与努力付出,就会换得男人的爱。我的意思不是不要付出,而是在投入感情之前,先看清楚这个男人是不是值得交往的好对象。不要以为他就是唯一,交往几年后才发现自己爱错人,不但付出的真心要不回,有时候还要花好一段时间疗伤呢!

对爱情下注不能只靠运气,得到幸福不能只靠浪漫,而是必须冷静分析、从严判断。因此,我常常辅导未婚男女,教他们从对方日常生活的态度与言谈中观察,不要太快投入感情,倘若你确定能包容对方的缺点,再下注也不迟。

生气时不留情面,"怪兽男"危险指数最高!

或许你会问:"在还没交往前,男人一定会表现出最好的一面,有办法看出来吗?"其实只要多点心思,就可以从小动作或小细节中看出端倪,像是在等待或时间紧迫的时候,就容易看出他的脾气。我曾经遇到过一位不苟言笑的陈先生,年收入破百万,看似条件极佳,但也因自认优秀而自尊心特别强,身上有许多生气的按钮,相处时让人感到如履薄冰。

记得有一次陈先生和女会员在餐厅约会,在点餐的过程中,因为觉得服务生反应太慢,他就大声斥责:"这么笨!请你找一位有脑袋的人来!"女会员当下非常错愕,面对邻座客人投来的眼光,只想夺门而逃。

或许陈先生是比较极端的例子,但从行为举止中,就可以看出他根本不懂得体恤对方,生气时甚至不留情面,这种喜怒无常的"怪兽型情人"要特别小心,交往前的言语暴力,极有可能在婚后转变成肢体暴力!

先交往一年,再论及婚嫁

因此,卢姐强烈建议,恋爱的时间一定要拉长,交往时间至少一年,最短不要少于9个月,再论及婚嫁。前3、4个月多为甜蜜约会的热恋期,根本看不到爱情真实的一面。正因如此,一定要度过冲突期,最好能遇到两人意见相左的时候,才能了解彼此处理事情的态度,在婚前先建立沟通的模式,才是幸福的保证。

卢姐小叮咛

现在的年轻人很流行"闪婚",但是,一时被冲昏头的爱情,很难天长地久,更容易造成"闪电离婚"!

我的他，是危险情人吗？

状况	情人的类型
❶虽然没有凶过我，但遇到不顺心的事，就会歇斯底里。 ❷我们总是吵架，他就像颗不定时炸弹。	怪兽型情人
❶他很孝顺，但大小事情都要问妈妈。 ❷他妈妈打电话关心的次数很频繁。	妈宝型情人
❶从不表示任何意见，什么都说随便。 ❷每次都由我决定，但出问题时都怪在我身上！	没肩膀型情人
❶不太在意我跟谁有约。 ❷似乎很难掌握他的行踪！	劈腿型情人
❶只会下指令，听不进别人的想法。 ❷对于不感兴趣的话题，完全不理会。	博士型情人
❶朋友有事，他永远不会拒绝。 ❷陪朋友的时间，比跟我约会还多！	浪子型情人
❶善于甜言蜜语，很快就想发生关系。 ❷在公共场合也不忌讳亲密动作。	玩咖型情人
❶经常自怨自艾，想法非常悲观。 ❷愁眉苦脸比开心的时候还多。	自虐型情人

懂你懂我，恋爱进行时

怪兽型情人

有可能婚后就动手!"敬而远之"是保护自己的最好办法。

特征

1. 生气按钮特别多,轻轻触碰就爆炸。
2. 容易勃然大怒,谴责别人。
3. 遇到塞车就按喇叭,或是骂不停。
4. 时常批评朋友或同事,却不曾反省自己。
5. 跟家人或朋友讲电话时,经常大声。

妈宝型情人

我妈说我今天要早点回家
我妈说我们最好早点结婚
我妈说我要节俭一点
我妈想邀你来吃饭

若爱上了,只好与妈宝情人促膝长谈,但婚后小心婆媳问题。

特征

1. 开口闭口都是"我妈"。
2. 没有自己的存折和信用卡。
3. 没有自己的主见,什么都要问别人。
4. 妈妈掌握家中的主导权。
5. 常常接到妈妈嘘寒问暖的"关心来电"或催促回家的"紧急电话"。

8种危险情人,少碰为妙!

没肩膀型情人

有可能因为他害怕背负责任，要跟这种男人结婚，女人会较辛苦。

特征

1. 很少主动打电话邀约。
2. 约会漫无目的，仿佛事不关己。
3. 口头禅是"随便"、"你决定"。
4. 没有主见，但出问题时又怪罪他人。
5. 对事业没有上进心，较不负责任。

劈腿型情人

介绍女友给父母是认同的表示，若借口一堆，表示有鬼！

特征

1. 能言善道，特别注重外表。
2. 一有来电，就躲到很远的地方讲电话。
3. 交往超过一年，却未向父母介绍女友。
4. 只在约定的时间才会现身。
5. 手机经常不接，行踪成谜。

博士型情人

> 我记忆力超好，不可能记错时间，是你自己早到了吧！

> 高学历不代表高成就，待人处世的态度才最重要。

特征

1. 博学多闻或学历极高。
2. 生活圈狭窄，身边没什么朋友。
3. 自尊心超高，无法接受别人的指正。
4. 只会自顾自地高谈阔论，不懂倾听。
5. 择友条件高，希望另一半非常优秀。

浪子型情人

> 嘿！这是我马子，正点吧？！

> 风流倜傥的确能迷倒众多女人，但缺乏家庭观念是婚后问题。

特征

1. 不喜欢待在家中，整天往外跑。
2. 很少与家人互动，也很少开口谈家庭。
3. 四海皆朋友，对兄弟总是义气相挺。
4. 存款很少，也从不拿钱回家。
5. 不懂理财，没有金钱概念。

玩咖型情人

他根本就是情场玩咖，有的只想要一夜情，不适合步入婚姻。

特征

1. 第一次见面，就想接吻。
2. 约会没几次，就开始叫你宝贝。
3. 骑机车时，把你的手拉到他的腰上。
4. 说话不假思索，甜言蜜语一大堆。
5. 还没交往，就试探肢体接触的底限。

自虐型情人

你要跟我分手我也不想活了！

与这种人交往，会感到极大的压力。严重时，一定要寻求专业的心理医师帮助。

特征

1. 想法悲观，只要吵架就以为要分手。
2. 非常害怕女友离开自己。
3. 吵架后，常常会以泪洗面。
4. 若是有争执，就拿自己威胁对方。
5. 严重时，会出现捶墙、撞头等行为。

规则 2 存折、信用卡账单都是妈妈管，"妈宝男"可以交往吗？

※ 交往之前请三思，日后的婆媳相处也是学问

独生子女社会让"妈宝男"越来越多，许多男人工作后仍被父母当成小孩子照顾，洗衣服、叫起床、掌管存折，时时刻刻注意孩子跟谁出门、买了哪些东西，干预、决定孩子的一切。一路关心保护到儿子结婚生子的例子屡见不鲜，这样习惯被照顾的男人，可以交往吗？

经济不独立的人，不管是男人或女人，人格都无法独立。这种人缺乏抗压性与竞争力，即使到了成家立业的年纪，还是没有肩膀扛起责任。而且通常他们的母亲掌控欲极强，女方要思考若真走入婚姻，婆媳间不容易相处的问题。

30岁的何先生，是家中的独生子，依照父母的期望在国家机关工作。他条件虽然不错，但每次都被喜欢的女生拒绝，认为他的谈吐像高中生过于幼稚，

妈宝男，总是找不到Miss Right

男友是「妈咪宝贝」，一点都不Man！

是我该学习成熟独立的时候了！

儿啊！确定不带奶嘴去？

终于成为可以保护女孩的superman

我会照顾你们一辈子！

老公好man~

我应该早点放手的

而且缺乏主见，约会时妈妈还会不停地打电话嘘寒问暖，让人留下深刻的"妈宝男"印象。直到后来我与他的父母深谈，苦劝他们应该要放手让孩子长大，同时也鼓励他提升自我，才终于抱得美人归。

事实上，没有人可以一辈子躲在父母的羽翼之下，总有一天必须自己去探索这个世界，一手撑起属于自己的家。到外地读书或工作，甚至去国外游学，都是学习独立的途径，用行动向父母证明"我可以掌握自己的人生"。

陪"妈宝男"一起成长，他会更爱你

"妈宝男"并不是没救的缺陷，如果你心仪的对象刚好是这类型的男人，不妨试着与他沟通。若沟通之后，他仍然不想改变，表示他对母亲的依赖已经到严重的程度，就要三思；如果他想要为了你和将来而努力，那么，你可以从旁协助，教导他如何与父母展开沟通。

我建议，可以从这两件事开始努力：

❶ 帮助他成长

先从服装与谈吐下手，让外表看起来更加稳重成熟，与本身的年龄相符；再透过阅读、成长课程、旅行等，逐渐提升能力与内涵。

❷ 辅导他与父母沟通

父母保护孩子的观念根深蒂固,不可能在一朝一夕间改变,先用实际行动让父母看见孩子的改变,例如:拓展交友圈、开始独立生活、提升工作能力,让他们明白孩子已经长大,再循序渐进地沟通。

卢姐小叮咛

耐心陪伴妈宝男成长,并帮助他与父母协调。切记!无论如何,都不可批评对方的父母,毕竟天下无不是的父母。

规则 3 别用"唠叨"的方式表达关心

※ 妈妈一个就好，别当男人的第二个妈!

常有男性会员跟我说："卢姐，我的女朋友好爱唠叨啊，什么都要管，活像我的第二个妈！"或许女人生来就富有母爱，事事关心对方是表达爱的方式，但是，过度的付出，很可能会不小心成了唠叨的管家婆。掌控欲很强的女人，不但容易让另一半倍感压力，自己也会陷入吃力不讨好的窘境。

除非，另一半本身没有主见，喜欢别人帮他做决定，打理好一切，否则对大部分的男人而言，他们会在爱碎碎念的女人身上看见妈妈的影子，并开始意识到失去主控权，进而浮现不满与厌烦的情绪。

唠叨不是关心，"命令式的语气"更要避免

或许你会问："我只是担心他，难道连劝一劝都不行吗？"换个角度想想，你喜欢常常被约束、唠叨吗？相信你也一定不喜欢吧！那就试着做一些调整，

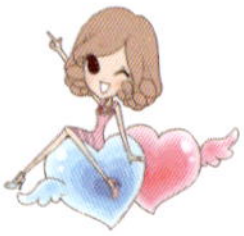

成天唠叨，把男友当孩子管！

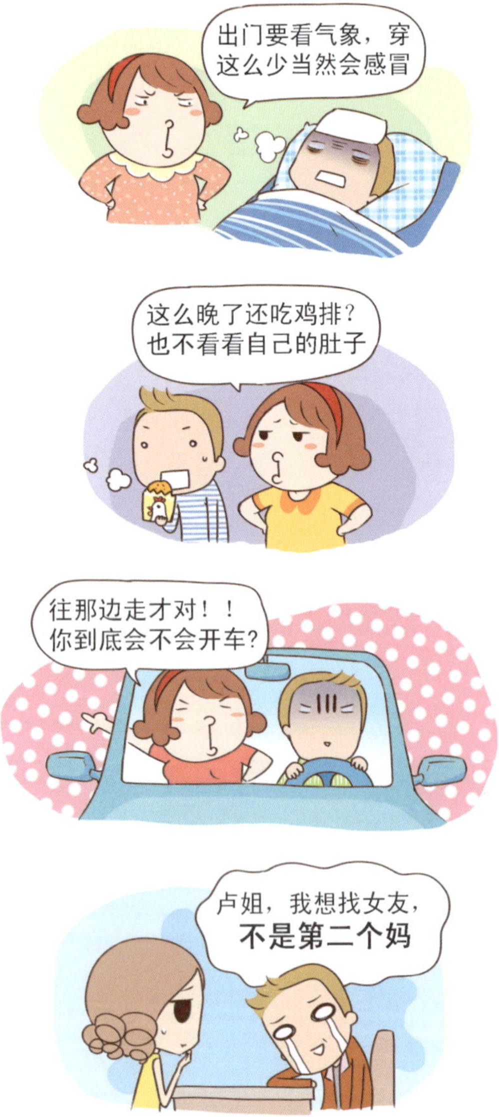

改变关心的方式,当忍不住想要碎碎念的时候,提醒自己先要冷静,再开始沟通。

当我们为了另一半好,想要修正他的行为,不一定要用命令的口吻,或是如连珠炮般碎念不绝。请以温柔代替苛责,关心与要求也可以用更委婉的方式表达。记住,对方是你要共度一生的伴侣,不是你的孩子,温柔体贴不但能表达你的关心,更能让他记住你的好。

卢姐小叮咛

男人要娶的是太太,而不是妈妈,过度的关心会让他不自觉地想远离你,用更好的方式表达关心,以温柔取代唠叨吧!

规则 4　学历只能当参考，择偶标准别太苛刻

※ 女人的魅力不在学历、财力，温柔才是最锐利的武器

现代女性学历高，职场头衔也不低于男性，当然在选择对象的时候，会期望另外一半的学历、职位皆比自己更好。但这是一种老旧观念，跟自己一样优秀，甚至更成功的男人，就是好伴侣吗？

狄小姐，台湾地区最高学府的博士生，她的家族亲戚无一不是博士毕业，是典型的书香世家，自然会要求女婿的学历，也要是国立大学的博士，外形还要够高大、够体面，才能够陪同她出席上流社会的社交场合，结果跌破众人眼镜，狄小姐选择一位只有高职毕业的对象，现在非常幸福！

狄小姐体型丰腴，学历高，是位独立自主、很有主见的现代女性，虽然在职场上呼风唤雨，但却一直唤不到桃花，参加过许多相亲机构也找不到对

留美博士

我想要能在家教导孩子的贤惠老婆

大老板

我想要很会帮我理财的老婆

会长

我想要在社交场合中会帮我做面子的老婆

不爱小孩　不善理财　强势

我们都害怕这种女人

「我也想要这样的女人」！男人的真情告白

遇见最佳爱情的7个潜规则　Part 3

象，最后向我求助。在这位"败犬女王"不断拜托之下，我决心接受这项挑战，一定要帮她找到合适的老公。

但是，有个先决条件，我告诉她："除非你能够改变择偶的观念，不再拿严苛的标准要求对方，才有可能找到对象。"成功的女人，不能仗着优势，只寻找比自己成功的男人，当然把好男人都赶跑了！

男人都有"被需要"的英雄心态

她理解了之后，态度便逐渐放软，我为她介绍一位经营模具工厂的老板，虽只有高职毕业，但收入不少，为人正直、负责，而且和狄小姐非常合得来。后来，狄小姐全心投入这段感情，甚至会体贴男人工作繁忙，帮他打理生活琐事，成为一段美丽的姻缘。

卢姐一直认为，既然找对象不应该用文凭衡量对方的价值，当然也不该因为自己拥有高学历或高职位，就"傲视群雄"。

我接触过上万名想寻找对象的男人，老实说，他们真的不在乎老婆的学历多高、薪资多多。

女人可以很聪明、能力很强，但是一定要让男人保留尊严，因为他们有"英雄心态"，希望自己能保护另一半，喜欢"被需要"的感觉，若女人的风头和气势都压倒男人,他们可不会因此而钦佩你,反而会被吓跑喔!

多一点温柔,在男人面前当个称职的小女人,自然能吸引他的目光,想与你共度一生!

卢姐小叮咛

女人的魅力不在于学历或财力,太过锋芒毕露也不好。小心男人会不敢亲近你喔!

规则 5 收入不是重点，花钱习惯才是致命伤

※ 爱情诚可贵，但没钱万万不能！

台湾地区的平均初婚年龄，女性为29岁，男性则高达32岁，晚婚的现象越来越普遍，除了追求高学历和高职位外，多数人还是希望先有一定的经济基础再步入婚姻。

只有非常少数的女人对我说过："卢姐，我不在乎对方收入，只要积极进取即可。"一般来说，收入稳定几乎是所有女性开出的基本条件，也有大约3成的女人毫不讳言地指出："年薪至少要破百万！"或是"有一栋没房贷的房子和一辆没车贷的车子。"

不可否认，女性自觉意识提高和双薪家庭形态增加，金钱成为婚姻和谐的重要关键。虽然不能完全以经济条件论人，但夫妻之间的家庭背景、经济能力若旗鼓相当，金钱观与价值观也相近，冲突自然比较少。

假日时,喜欢做什么休闲活动呢?

我会去打高尔夫球

小开

我会跟朋友聚餐,或看部电影

爽朗上班族

看电影太浪费钱了!

我都从网络下载看

省钱一哥

不伤感情,又能知道对方身家背景的方法

遇见最佳爱情的7个潜规则　Part 3

因此，了解对方的经济能力与金钱观念是很重要的，用钱态度与消费习惯都有踪可循，透过一些小技巧即可看出他的经济能力。不要误会，卢姐不是要教你如何用雷达侦测到小开，而是寻找与你金钱观相近的另一半。

不经意闲聊，探出对方"几两重"

举例来说，男性若喜欢打高尔夫球、参加许多会员制机构，经济上应该充裕优渥；而偶尔看部电影、品尝美食，也不乏出国旅行经验的人，应该是经济小康的上班族群；但是如果假日都只在家看下载的影片、缺乏休闲活动、不参与社交活动，恐怕经济状况就较拮据，或是不懂享受生活。

刚认识的时候，千万不可单刀直入地问"你一个月薪水多少？"或有无存款、投资、置产等与金钱相关的敏感问题，会带给对方探询隐私、别有企图的不舒服感。因此，你可以这样问：

❶ "我有位朋友很孝顺，每个月都会寄钱回家贴补家用，你对拿钱回家的看法是什么呢？"

❷ "听说某某地是度假天堂，你喜欢出国旅行吗？去过哪些国家？"

❸"这家餐厅评价不错耶,你有其他推荐的餐厅吗?吃过最好吃的餐厅是哪一家?"

从闲聊的内容中,了解对方的生活模式,旁敲侧击他的金钱观,就能不着痕迹地掌握他的消费习惯与金钱观。

卢姐小叮咛

金钱观与价值观无所谓对与错,每个人对奢侈或吝啬的定义都不同,只要不是差距过大,不妨相处看看。

COLUMN
感配达人恋爱教室

这样用钱的男人，
请列入观察名单！

✖ 过度追求、崇尚名牌
很舍得花钱，对于中低价位的商品不屑一顾，只买高档名牌货。

✖ 每个月的花费比薪水多
利用方便的信用卡，先刷了再说，因此成为不懂理财、每个月一再透支的月光族，严重者会刷爆信用卡，成为卡奴。

✖ 财力不及，却出手装阔
喜欢展现自己的财力，请客、送礼毫不手软，但不见得真有足够的能力，有时候只是打肿脸充胖子。

✖ 没有一份稳定的工作
本身个性或做事能力不佳，没有一份持久稳定的工作，或是对于事业与未来没有太大冲劲。

✖ 想要不劳而获，常做不当投资
经常在没有充分了解的情况下进行投资，或是因为贪心而忽略风险，投入大笔资金，这种人小则两袖清风，大则负债累累。

✖ 对自己或他人一毛不拔
过度节俭的人，也可能导致生活毫无品质；对自己慷慨却对他人斤斤计较的人，更不可能会善待另一半。

✖ 省小钱，花大钱
对于日常生活诸多算计，但总是节省在不对的地方，容易得不偿失，反而要花更多钱补救。

规则 6　敢开口跟你借钱的对象，最好小心！

※ 经济独立，才能避免过度依赖及争执

若有人问我"情侣的金钱，适不适合共同管理？"或是"我该不该借钱给男朋友？"坦白说，一般我都会强烈禁止，在交往期间，最好不要有任何金钱上的往来。女人们千万要懂得保护自己，也许你已经对男人投注感情了，甚至他说服你若借钱给他投资，这笔交易将会有高额的获利，可以拿到利息外加分红，这个时候也不能被动摇。因为，一段关系一旦牵扯上金钱，就会变得非常不单纯且棘手，极有可能最后男女朋友做不成，还闹上法庭。

我常告知女性朋友，如果遇到男朋友要求借钱，可以婉转地说："你可以从小额投资开始入门。"若你拒绝他后，他便威吓你或来个不理不睬，那也可以趁此机会看清楚这个男人的真面目——他根本不爱你，只想要利用你。因此当男人开口这么说时，你千万要小心：

❶ "我家最近经济有点困难，已经好几个月缴不出房租了……"

❷ "最近刚投资一笔交易，所以手头有点紧……"

❸ "如果你赞助我的事业，结婚以后我们就有好日子过了……"

❹ "我实在没有一个体面的钱包或一件正式的西装……"

别被男人当成"ATM提款机"

还有一种男人要特别小心，例如，H先生穿着名牌服饰，开高级进口轿车，口袋插着一支闪闪发亮的名牌钢笔。情人节快到了，他说要送一部智能手机给J小姐，J小姐心里满是期待，但是到了手机店后，H先生却突然说："啊！我这个月的信用卡额度满了，你可以先帮代垫吗？我下个月还你。"

若代垫的金额达上千元时，就

要坚决拒绝；若是几百元，但却一而再、再而三地发生，就应该敏锐察觉出不对劲。反之，女人们也用不着为了吸引小开目光，就买超过自己经济能力的名牌商品，全身上下无不珠光宝气，但因为害怕小开看到真实的自己，就时常提心吊胆，像灰姑娘一样，午夜钟声一响便赶紧逃离。

除非那位小开如同童话故事中的白马王子，最后看见真实身份的灰姑娘时，不会露出惊吓的表情仓皇而逃，反而更真心地喜欢她，否则，南瓜马车与华丽的礼服总有消失的一天，小开只会愤而转身去找真正的公主。总归还是一句老话，建立在物质金钱上的感情，不会长久！

卢姐小叮咛

单看男人现阶段的存款、资产都无法准确得知他的金钱背景，懂得储蓄、理财的男人，才是未来的最佳保障。

规则 7 男人出手大方，不见得是好事

※ 建筑在金钱上的感情，是祸不是福！

虽然说初次见面就带你吃路边摊的男人有些没诚意，但是遇到第一次约会就请你吃千元法国大餐的男人，也不要太过得意！男会员柯先生，第一次约女会员出去，就是吃昂贵的烛光晚餐，但其实他并不是女方喜欢的类型，因此女会员拒绝了他的第二次邀约。柯先生不能谅解女方，还非常生气，觉得"我请她吃这么昂贵的大餐，砸下这么多钱，她怎么可以拒绝我！"

通常第一次出手就这么大方的男人，可能把恋爱当做投资，认为有所付出，对方必然也要相对回报。若两人尚未稳定交往，建议不要接受男人馈

● 若你是男人，会怎么想？

第一次约会

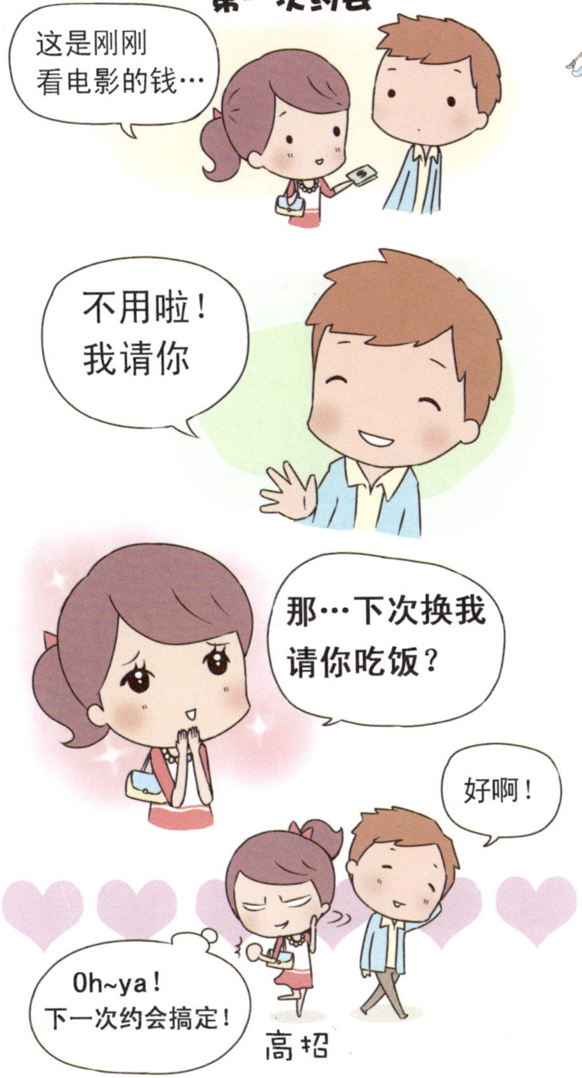

赠的昂贵礼物，或与他单独到高价位的餐厅用餐。卢姐认为一千元以下的礼物或餐厅还可以接受，单价太高的最好拒绝。

礼尚往来是礼貌，更是下次约会的伏笔

男士请客被视为具有绅士风度的表现，这种观念在强调两性平等的时代，仍然无可避免，但我还是不同意女人摆出一副"等待男人付钱"的姿态，或抱持"男人请客是理所当然"的想法。

第一次约会，不论吃饭或看电影，建议花费控制在500元以下，对方才不会觉得负担太大。如果男人请看电影，你可以回请饮料；如果他送小礼物，你也要有回礼的观念。一来一往地互动，不仅可以帮助感情加温，对方也会觉得你是一个懂礼貌，又有自我原则的女人。

卢姐小叮咛

双方要站在对等的关系上，互相给予获得，女人不要一心想占男人便宜，他会更爱你。

Part 4

爱情需要经营，用对方法就能永久保固

幸福进行曲的7个关键

关键 1　别逼他求婚，"生闷气"不如主动了解原因

※ 幸福需要等候，不妨先了解问题

最近有位女会员很苦恼地问我："眼看年纪已破30大关，与我稳定交往的男友却迟迟不跟我求婚，卢姐，我该怎么办？"我能理解，未婚的女人年过30心里就会开始着急，但切记，绝对不要在焦急、冲动之下，主动向男生开口逼婚喔！求婚通常还是由男人主动比较好，"但是如果他迟迟没有表示，该怎么办？"

求婚这档事，不像告白一样，可能因为他生性害羞而不敢开口。若是告白，我就蛮鼓励女生主动说出口，积极争取幸福。但是如果两人已经交往好些时日，甚至开始考虑结婚这件终身大事，就无关害羞的问题了，男人若有定下来的意愿，就会勇于表示。若他迟迟不求婚，可能是有所考量，而无法下决定。

基本上我不建议女人主动向男人逼婚或求婚，不

暗示1 情境式
你看他们好幸福喔~ 

暗示2 朋友示范式
结婚真不错呢! 

暗示3 长辈问候式
你们什么时候有好消息啊?  

暗示4 超级明显式

「娶我吧!」暗示另一半求婚的4个必杀技

幸福进行曲的7个关键　Part 4

是碍于面子或矜持,而是因为结婚的意义非同小可,要双方都经过深思熟虑,达成一定的共识后,再开始筹备下一阶段的生活,才是成熟的做法。太过急躁,只会造成反效果。

他不开口求婚,一定有原因

有一对会员交往约2年,女方觉得他们感情稳定,可以论及婚嫁了。但不知为什么,男方只要遇到与结婚相关的话题,就左闪右躲,不愿正面回应,久而久之,女会员心底隐隐约约浮现出不安,于是私下向我询问。

后来,我单独找来男会员,语带诙谐地问:"都交往这么久了,有没有要对人家负责啊?"他只是一味笑着答说:"快了,快了!"又经过一年半载,两人仍然没有喜讯,我就进一步约谈,了解他是否对于婚姻有所顾忌,或是还没准备好与女朋友共度下半生。原来他发现女友与他的母亲相处上有些格格不入,所以有些迟疑。既然了解了问题,我便建议他应该双边进行沟通,彻底解决问题,而不是再三拖延。

通常男人不开口求婚,一定有原因,也许因为经济基础尚未稳固;也许对两人婚后的生活模式还未达成共识；也许是还没办法接受另一半的某些观念或行为等。

这时需要运用智慧，找出症结点，然后与男友共同面对、解决，才能让他无后顾之忧地向你求婚。

卢姐小叮咛

有人说"结婚是一股冲动"，但是卢姐建议"加点理性"，对彼此有全盘的了解，关键的问题也要解决，进入婚姻后才能拥有更久远的幸福。

幸福小秘诀

为什么还不求婚呢？
最常见的5种原因

1 心理
可能他曾经历过不完整的家庭生活，因此害怕建立家庭，可以试着与他聊聊，找出症结点。

2 经济
也许他现在的收入，不足以供应一个家庭；或是他家有经济上的包袱，使他裹足不前。

3 家人
男友的家人尚未认同你，或对你存有偏见，因此你还有努力的空间。

4 个人
他认为你们两人之间还存在某些问题尚未解决，不应该太冲动地进入婚姻。

5 生理
我也遇到过会员是因为性功能问题或有其他健康方面的顾虑，而犹豫不决。

关键 2 男友总是不带我见家人，为什么？

※ 也许有难言之隐，但更可能的是，你不是他的新娘人选

常有人问我，"卢姐，我和男朋友交往2、3年了，却还没见过他的父母，连他家的大门都没跨进一步，这样有问题吗？"我可以大声告诉你："绝对有问题！"如果两人都已经到适婚年龄，交往也有好些时日，将对方介绍给自己的父母是对另一半表示尊重与认可的行为。

若你已经三番两次暗示，希望能够认识他的家人，但是他总是闪烁其词，老是说"我妈妈最近没有空"、"我家里很乱"、"我现在工作很忙，你也知道"，找各种借口拒绝超过3次以上，你就要非常小心！参考下页的4种原因，能帮你更快找出问题。

幸福小秘诀

男人不想带女友回家的4种原因

1　没有把你当做未来要娶的对象
他压根没把你看做是未来的结婚对象，当然不必大费周章地把你介绍给他的家人。

2　家里有不方便向外人透露的事情
可能家中有些不好意思说出口的事。

3　男方爸妈心中另有认可的对象
或是他的父母已有内定的最佳媳妇人选，也许是某位朋友的女儿而不是你。

4　已有家室或同居女友
或许"正宫"早已定居他家，你只是"后宫佳丽三千"之一，他当然不会带你回家啰！

都交往三年了，
他还没带
我回他家
这样不行…
来~去我家
吃饭吧！
我妈特别煮了
你爱吃的喔！
和乐融融
那你
什么时候邀请
我与你家人
一起用餐呢？

请他先来做客，再去拜访他家

既然"将对方介绍给自己的父母"是表示认同，那不妨自己先释出善意，邀请男友来家中做客。事先不必很正式地邀约，这样会让对方感到压力，但可以主动告知他自己的父母喜欢什么、可以准备哪些话题，帮助他展现最好的一面。反之，若换你拜访他的父母，也要事先做好万全的准备，才能一举赢得未来公公、婆婆的喜爱。

卢姐小叮咛

卢姐认为将交往对象介绍给父母认识，是非常重要的一门功课，也是认同对方的一种表现方式，毕竟婚姻并不只是两个人的事。

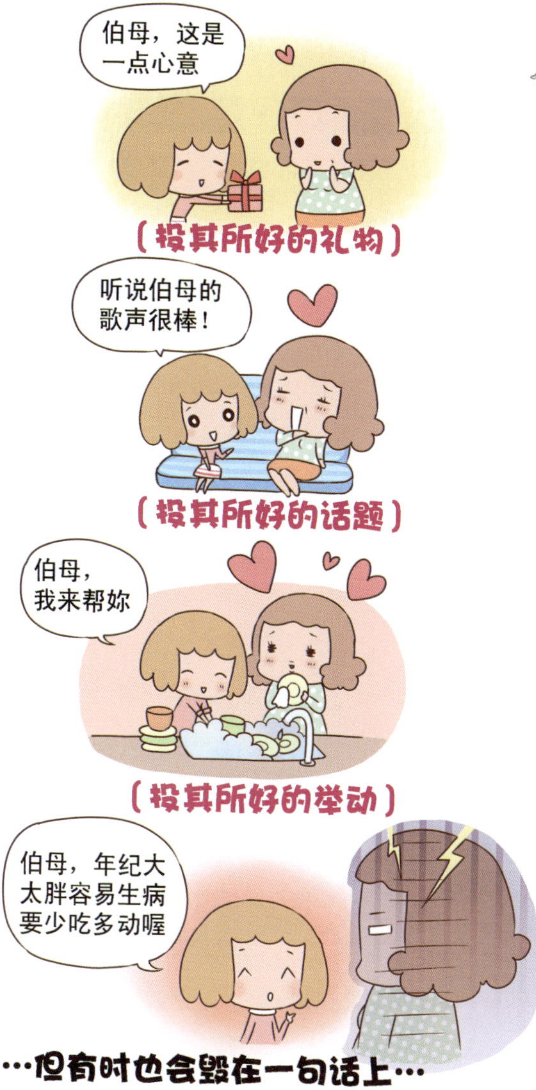

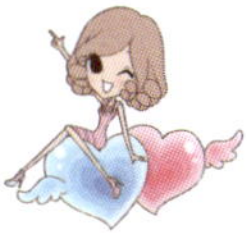

关键 3　公主嫁给王子，一定幸福？

※ 未必，个性互补比门当户对更重要

腼腆害羞的乖乖男，总是容易被古灵精怪的俏皮女吸引，也有足不出户的宅男偏偏喜欢开朗活泼的女孩。喜欢与自己个性完全相反的人数不胜数，多半是因为想要从异性身上，寻找自己或同性友人身上没有的特质。

与我会谈过的大部分男人都喜欢"长发、温柔、贤淑……"的女人，我总劝说他们，"头发再留就有，打扮也可以改造"，但男人就是会不由自主地被只有女性才具有的特质所吸引，这可能就是男人女人之间的差异吧！

我和我老公就是一个活生生的例子，我的个性活泼外向，他却慢热又居家；我喜欢户外活动、欣赏文艺表演，他假日却只想待在家。我们的个性根本大相径庭，但我就是欣赏他的率真不做作；而他也被我的

当粗犷体育男爱上文艺美少女

我们结婚吧!

从此…

老公~我买了钢琴演奏会的票(娇羞)

YA!陈伟殷投得好啊!

完全没在听

算了,文艺这块就留给姐妹淘好了~

嗜好不同,各退一步也能甜蜜又幸福

幸福进行曲的7个关键 Part 4

当细心的小绵羊爱上不羁的一匹狼

婚前看起来「零缺点」，婚后一定幸福吗？

说过几百次了！袜子不要乱丢!!!

好啦好啦 真爱叨叨

咦？我当初不就是喜欢他的不羁 她的细心

细腻体贴所感动。可是，这些婚前吸引彼此的互补优点，结婚之后，往往也是最需要沟通协调的地方，建议大家找出最适合两人的互动模式，包容才是幸福之道。

新鲜只是一时，包容沟通才能长久

当然，也有人喜欢与自己个性相似的对象，我曾遇到过这样的例子。艾先生是贸易公司的老板，身高188公分，雄壮又魁梧，工作之余还组乐团担任鼓手。彭小姐则五官深邃，貌似混血儿。

两人第一次见面后，都向我表示对彼此"有好感"，但过了许久都不见他们有任何进展，我问艾先生有没有再向彭小姐提出邀约，艾先生回答："好……好，我……会的。"经过数日仍没有消息，我再度打电话关心，"我……有打过，可是彭小姐没有接电话。"艾先生说。我再追问："你打几通？""一……通。"

听完后，我简直快昏倒了，只好从女方下手，请彭小姐问候一下慢郎中，彭小姐竟然也说："我不好意思主动打电话，等他打来好了，慢慢来没关系。"真是皇帝不急，急死卢姐！原来两人都是慢郎中，害怕被拒绝，还好在我的大力撮合下，两人才不致错过!

两个人个性相似,或许会觉得缺少一点新鲜感与冲突美,但是可以很快了解对方的想法和个性。而如果是个性迥异的两人,则需要长时间的沟通与磨合,才能使原本互不相符的两颗齿轮相合。不论两人的个性是相似或相反,能够互相沟通和包容才是最重要的!

卢姐小叮咛

当心仪的对象是位慢郎中时,你不妨主动出击,把握机会,别让到手的幸福悄悄溜走。

的脾气和冲动的言语，导致这场喜事最终闹得不欢而散。

中式喜宴的礼俗繁多，都是筹备婚礼时最容易起冲突的地方，若双方父母的想法不一致，没有共识，就容易产生争执。

所以我建议由新人亲自跟父母沟通、协调，长辈难免会脱口而出一些情绪化的字眼，千万不可以将他人这些主观、负面的话，直接传达给对方。要站在中立的立场，转为温和的想法，或换成圆融的语言，做好两边沟通的桥梁。

卢姐小叮咛

对方的父母就是你未来的公公和婆婆，千万不可以因一时的情绪而种下心结，发生冲突时，要运用智慧解决。

的一段考验期，但却也是两人开始摸索适合彼此沟通模式的最佳时间。

尤其是在谈论聘金时，许多女方家长虽然表面上说："我们又不是卖女儿，干吗收聘金！"话虽这么说，但男方可不要傻傻地相信"聘金不是大问题"，由于女方的亲戚朋友、三姑六婆总会一来一往地讨论："大伯女儿出嫁时，光聘金就6万，你们家的千金居然连2万都不到喔？好歹也要拿出来充充场面。"即使女方父母真的认为聘金多少并不重要，但是面对这样的舆论压力，碍于面子，心底总是希望聘金能够"好看一点"。这一点女方一定要让未来的另一半了解！

结婚是一辈子的事，不能儿戏

之前有一对会员，婚纱拍好、喜帖也选好了，唯独对于婚宴场地，双方各执己见，僵持不下。女方希望在高级饭店举办，拥有豪华的摆设装潢和豪奢的法式料理；男方家长则希望采用流水席的传统形式，越热闹越好。这对情侣在协调的过程当中，并未稍加修饰父母的意见，就直接脱口而出："我妈觉得你们家怎么这么爱装阔！"此时对方的火气只会直速飙升，也跟着大喊："你们家才难搞！"最后因为双方火爆为什么结不成婚？「沟通方式」是关键！

✗

聘金这么少，真没诚意

我在你心中只值这点钱吗？

你居然用钱衡量我对你的感情！！

○

聘金这么少，真没诚意

我们两家都是第一次办喜事，也许聘金的部分可以再讨论看看

关键 4　感情的考验，从准备婚礼开始

※ "从此过着幸福快乐的生活"是童话故事，不是真实人生

相信你一定听过不少已经论及婚嫁的情侣，在筹备婚礼时，因为繁文缛节、红包聘金等问题沟通不良，一气之下便取消婚约，连拍好的婚纱照也丢进垃圾桶，两人就此不相往来。东方的结婚礼俗的确相当繁复，新人一边工作还要一边筹备婚礼，需要准备的内容从挑选婚纱喜糖、洽谈婚宴场地，到排定来宾座位、规划蜜月旅行等，都相当繁琐；而亲戚长辈的意见又往往反客为主，成为婚礼的主导，使得新人倍感压力，无所适从。

结婚绝非只是两个人的事，而是两个家族的结合，许多重大的决定需要搬上台面共同协商，此时沉重的压力便会排山倒海而来，分歧的意见也渐渐正面交锋。我相信这段期间对很多新人来说，都是最难挨

关键 5　带孩子、工作等细节，婚前最好有共识

※ 解开四大迷思，婚前达成共识

台湾地区结婚情侣与离婚夫妻的比例，从10年前的每四对结婚，有一对离婚，到近年飙升至每三对步入礼堂，就会有一对准备签字离婚。这样的数字背后，意味着要经营一段婚姻，有多么不容易。

有人说："结婚，是带着不同期待的两人，建立共同的家庭。"很多会员问我："卢姐，我应该在结婚前，先讨论两人稍有差距的观念或期待吗？"我一定会回答："当然要！"千万不可以怀着"自认为"的心态结婚，"婚后我'应该'可以辞去工作，在家当位好老婆吧！"、"老公本来就'应该'要养我！"、"我那么辛苦生下小孩，老公'应该'也要帮忙照顾小孩呀！"……这些"应该"，都是婚姻中的未爆炸弹。没有经过沟通就认定对方的责任范围，以为只要结婚，这些问题就都可以顺其自然地达成共识，结果婚后才发现他的想法并不如你所预期的，就容易引爆危机。

婚前做好沟通，婚后更要包容

谈到婚前沟通，我就不得不称赞我的弟媳，她真的是一位有先见之明的聪慧女人。在他们还没结婚前，有一次她主动询问我弟弟："你有计划想生宝宝吗？因为我们都在上班，如果要生宝宝，就要分配一下带小孩的时间。我们考虑一个月吧！同意的话再计划生小孩，一起分担育婴的责任。"结果我弟考虑一周之后，便下定决心说："我们还是过着快乐的丁克族生活吧！"因为我弟弟自认为自己对小孩较没耐心，而且凡事要求纪律与完美的个性，恐怕也会造成小孩的压力，因此，跟老婆达成共识，过着更适合自己的二人世界。

很多妻子以为只要孩子生下来，夫妻就会同心照顾，但偏偏有些老公关心球赛胜过小孩有没有喂奶，半夜孩子号啕大哭也完全吵不醒他，让你无可奈何。如果一再地为此事争吵，最后恐怕把婚姻吵出了大洞。

虽然婚姻无法继续的原因有千百种，不过，绝大部分的问题还是在于"婚前沟通不良"和"婚后包容度不够"。因此，婚前沟通是建立美满婚姻最不可或缺的步骤。为了结婚而结婚，在短暂的时间内就闪婚，甚至奉子成婚，通常比较容易出现问题。

多数女性对婚姻都会有些自以为是的迷思，而当不如预期的现实摆在眼前时，就会无法接受。有鉴于此，建议男女朋友在婚前，务必与另一半好好沟通，达成共识，减少婚后不必要的争执。

卢姐小叮咛

每个家庭、每对夫妻，经营婚姻的模式都不尽相同，不要存有比较的心态，更不要自以为是，凡事沟通，找出最适合你们的相处模式。

COLUMN
恋爱达人恋爱教室

别想得太美好！
最容易让婚姻触礁的"四大迷思"

迷思 1 结婚一定要生小孩？

结婚就一定要生小孩吗？有小孩的家庭才算完整吗？我想在现代人的观念里，这些都已经被打上了问号。其实照顾孩子是很大的责任与负担，等小孩大一点，还有教育等问题。因此，<u>是否要孕育下一代，在婚前一定要考虑清楚。</u>

迷思 2 生小孩可以挽救婚姻？

也有许多人在婚姻遇到瓶颈的时候，会认为只要有小孩，就可以解决问题、巩固婚姻，这是绝对错误的想法。<u>怀孕最适当的时机，应该是在婚姻健全的时候，而非出现危机，才以小孩为挽救手段。</u>

迷思 3 男人就该要养家糊口？

和过去比起来，现在的女人比以前更独立自主，经济条件也比以前优渥许多，但是在女人的内心深处仍然会认为，"男人应该养家，要支付家中的开销"。即使夫妻在婚前协商好经济独立，婚后也还是会计较"谁出得多，谁出得少"。因此，<u>婚后管理财务的方式，也是必须努力达成共识的一项。</u>

迷思 4 夫妻之间不能有秘密？

能不能跟另一半透露自己以前交往对象的过程？要不要探询他婚前的亲密关系？夫妻之间，一定要据实以告，才算生命共同体吗？其实我认为并非如此。曾经，我的老公向我坦承他在婚前的恋爱故事，让我耿耿于怀了好久。每个人在意的事情都不一样，除非彼此都很有自信，而且具备一定的成熟度，<u>否则我建议"无益于两人关系的过去"，就不用主动提起，</u>珍惜当下最重要！

关键 6 淡定男与激动女，永远没共识？

※ 吵架不是辩论赛，而是另一种沟通

前一阵子网络上有一篇情侣吵架的文章，引起大众热烈讨论，文中男主角面对女朋友激动的哭喊吵闹，完全不为所动，维持一贯淡定的态度，喝着红茶，不随女友的情绪起伏。这篇文章真让我有感而发，我看过无数对情侣吵架，大部分其实真如文章所描述的，女人的情绪通常起伏较大，比男人更常提分手，而多数的男人虽不见得能像文中的男主角，泰然自若地喝着红茶，但至少不会歇斯底里，多半选择沉默应对。

女人若和"淡定男"吵架，往往有两种情况，一种是完全吵不起来；另一种则是怒火如滔天巨浪般被激起。这两种差异取决于女人的个性。如果是得理不饶人的女人，吵架时，面对寡言的"淡定男"，就更容易被激怒，认为"你到底有没有在听我说话？！有当我的他是「淡定哥」时……

为什么昨天晚上不接我电话？是不是去夜店？

你偷做亏心事对不对？对不对？

好啊！我们分手！停车！我要下车！

你再不停车我就跳车！我要下车

红茶

淡定

你要喝红茶吗？

没有想要沟通的诚意？！"其实并非"淡定男"太冷漠，也不是不爱女友，只是他的个性使然，就算遇到再大的事情，情绪也不会受到太多的波动起伏，亦不会表现出来。

吵架也是一种沟通，重点是"不能口出恶言"

这种就算泰山崩于前也不改色，依然镇定沉稳的"淡定男"，或许较适合个性冷静从容的女人。交往的两个人来自不同的家庭背景，成长过程也截然不同，只要观念有落差，生活久了，吵架、摩擦一定在所难免，但是情侣间如果不能让吵架成为达到目的的沟通方式，就无法解决问题，感情也会越吵越淡。

不要害怕冲突，争吵也是一种沟通，能提醒双方哪件事情最重要！当意见分歧时，就算吵架也别忘记保持理性，发展出能够达成协议的沟通模式，目的都是解决问题，进而言归于好。如此一来，也不需害怕冲突了！

先道歉不丢脸，反而是赢家

世上没有十全十美的情人，我常告诉会员："能拥有六全七美的伴侣就很棒了！"多看对方的优点，包容缺点，共同成长，人不可能完美无缺啊！

吵完后，最重要的是如何和好。和好是门需要练习的艺术，很多时候，只要诚心说声"对不起"，就能瞬间冷却火爆的温度，抱有"我很抱歉，让你感到不舒服"的想法，先开口道歉吧！

这并不是一味地揽罪，而是成熟地以同理心释出诚意，解决问题。先低头的人，并不是输家，退一步海阔天空，才是最聪明的赢家！

卢姐小叮咛

如争吵后，只要其中一方愿意先给对方台阶下，自然就无法继续争执。若当下气氛很僵，不妨等情绪缓和后，再好好沟通。

幸福小秘诀

就算吵架，也绝对不能做的10件事

1. 口出恶言、大声咆哮
2. 无故迁怒他人
3. 拼命翻旧账
4. 拿对方与前男（女）友比较
5. 踩对方的禁忌
6. 动手打人
7. 以死相逼
8. 把分手挂在嘴边
9. 不低头，记恨许久
10. 不给对方台阶下

关键 7 爱是同理心，而非占有

※ 牢记十大守则，谈一场最幸福的恋爱！

"恋爱"这个词真是自古以来多学问，"恋"是一种被吸引的感觉，当你看到一个人会不自觉地小鹿乱撞，视线再也离不开他，对他魂牵梦萦、思念成病，但却不等于"爱"；"爱"是一种同理心，不是情不自禁地坠入，而是需要经营与学习，更要下定决心对另外一半负责任，把对方的问题当做自己的问题来做。

"恋"不是"爱"，只是启动"爱"的一个开关，有人说："没有永恒的爱情。"那是因为他还没学会选择爱、学习爱，每一段幸福的爱情都是因为经营，我从我22年的婚姻关系，以及17年的恋爱咨询经验中，体会出10点经营爱情的守则，只要能掌握这10大关键，就一定能谈一场永远甜而不腻的恋爱！

"幸福十大守则",谈一场完美的恋爱

Point 1　诚信、专一为爱情最高原则

真正的爱情,绝对无法与人共享,每个人都希望拥有一份属于自己、独一无二的感情,所以一定要以诚信为根基,彼此建立的信任,是永恒不变的爱情守则。

Point 2　多看对方的优点,减少抱怨

世界上不可能有"完美无缺的情人",只有最适合你的"理想情人"。怎么判断是不是适合?不是因为他没有缺点,而是能看见对方的优点,学习包容,正向思考,就能降低争吵次数。

Point 3　生活中,制造微小的浪漫

特别的节日或生日,一定要做一些不一样的事情,维持新鲜感。在日常生活中,也可以创造小惊喜,不一定要花大钱,也许亲自下厨共进晚餐,或是亲手写一张卡片,时常诉说感谢的心情,也能让感情恒温,避免变成老夫老妻!

Point 4　就算争吵,也要具有建设性

交往中,磨合、吵架在所难免,但就算在气头上也绝对不能说出伤害对方或人身攻击的话,等双方都冷静后,再怀着体谅的心情,就事论事好好沟通。

Point 5　不可松懈,魅力只能增不能减

很多人在有了稳定的交往对象后,就会对穿着打扮松懈,还以为在男女朋友面前,再也不用顾形象了,这是错误的观念,甚至婚后才更要维持魅力。当男人说:"我最喜欢你的素颜。"可千万别当真,若你真的完全素颜跟他约会,就会发现他偷瞄的都是有化妆的女人。

Column
恋爱达人恋爱教室

Point 6　时常具体地赞美，多说"我爱你"
"我想你"、"我爱你"都是最直接传达爱意的话语，也可再举出具体的事情，感谢、赞美另一半，就更具说服力。赞美如同和好一样，都是需要练习的一门学问。

Point 7　培养共同的兴趣
两个人在一起，若有共同的兴趣，一起做某件事情，是永保新鲜感的重要方法。若爱户外生活，可以不定时规划两人的旅行，或假日一起骑单车；若喜欢居家生活，也可以租电影回家欣赏。做哪件事并不重要，重要的是和所爱的人一起做。

Point 8　两人都要不断成长
爱情的列车，需要两人齐头并进，若另一半变成更好的人，而自己却没有，他自然会看上比你好的人；若两人都停滞不前，这份爱情也会如没浇水的玫瑰，渐渐枯萎。勉励自己与对方不断成长，可以增加新鲜感，也让彼此的爱随时注入养分。

Point 9　体贴对方家人和朋友，爱屋及乌
有些人只喜欢待在二人世界，觉得面对男、女朋友的家人或朋友，是件很麻烦的事，但是你曾想过对方的心情吗？两人世界固然很好，但是不可能这样一辈子，选择爱他（她），就要敞开心胸，试着喜欢他（她）的家人、朋友与生活。

Point 10　无论如何，都要给对方面子
男人的面子值千斤，女人的脸皮薄如丝，不管是男人或女人，都要记得，可以在众人面前赞美对方，但绝对不可以数落对方，这不仅适用于感情，在职场上也同等重要。

Q3 参加相亲机构之前，该注意哪些事？

若想要报名专业相亲机构，选择时，需注意收费标准是否清楚、合约是否有审阅期、是否与消费者签订书面契约这三条。

首先，一定要选择有政府合法立案的机构，辅以媒体、网络上的评价作为参考；报名时，可以从公司环境、人员素质观察是否为优质的机构，留意是否有任何强迫推销或夸大承诺的行为。

另外为保障自身权利，要详读与该机构间的契约，了解服务项目以及收费标准，避免日后产生不必要的纠纷。建议读者在选择相亲机构时不要操之过急，睁大双眼慎选正当、合适的机构，才能保障自己的权益。

速配达人才知道的二三事

编后语 小编致亲爱的读者

这本《懂你懂我,恋爱进行时》终于出版了。

当你读到这一页时,或许你已经看完整本书,或许你刚刚打开偶然翻阅到。不管怎样,都感谢你购买此书,阅读此书。谢谢你。

之所以加一篇"编后语",是因为还有几句话想和亲爱的你们——此书的读者分享。

作为一名单身女性,出于工作需要,我反反复复看了这本书很多遍。坦言之,这本书中的大部分内容都让我有收获,少部分内容让我无感。因阅读体验是非常私人化的一件事,相信你们也各有自身的体会。只要这本书能带给你一点收获,一点帮助,或带给你一点欢笑,或一点触动,无论是什么,只要它是正面的,那么我就会非常开心。在我看来,这也是出版者的使命之一吧。

我个人还想说的是,爱情里没有固定的公式,皆因人而异，因时而异，因事而异。所谓的"招数"，通常都会失败，因为人无法伪装一辈子，最终得以相处下来并互相珍惜的，一定是两个真实的人，两颗坦然而真诚的心。当然，这并不是说你就不可以变得更好。你当然可以变得更好，变得既真实又美好。无论是为了爱情，为了对方，还是为了你自己。在这里，我更希望你为了自己变得更好，因为所谓爱情的意义，不就是让我们在不断的甜美与挫败中，更了解、懂得自己吗？

希望你们也都活得越来越像自己哟！继续勇敢地尝试与前行！

如果你有关于本书的意见、建议；如果你有"两性关系/心理"方面的相关书稿作品；如果你有兴趣告诉我，在两性关系这个美丽的课题中，你需要的书是怎样的，在书中你想获得关于哪些方面的支持。那么，你可以发送电邮给我，在主题处注明"读者来信"即可。

我的邮箱地址是：qiuqiubianji@live.cn

最后，让我用我很喜欢的女作家——美国的佩珀·舒瓦茨，在她的《关于爱与性的一切，你全错了》这本书中的一段话作为结尾："……我们对别人的生活往往了解得比自己的多。无论我们对人生的普遍认识多么地透彻或内行，在爱、性、承诺的问题上还是很难保持完美无缺的智慧。我们需要把彼此的直觉、观察、知识融合起来；也许，只是也许，我们可以找到某人、留住某人、快乐地生活……我们需要做一个21世纪的原创思想者，爱和性对我们绝大多数人都是至关重要的，用更坚定的头脑去思考这最最柔软、美丽的话题，也许会帮助我们在未来几年中更好地建立起亲密的关系。"

图书在版编目（CIP）数据

懂你懂我，恋爱进行时 / 卢丽萍著．—北京：华夏出版社，2014.1

ISBN 978-7-5080-7899-1

Ⅰ．①懂… Ⅱ．①卢… Ⅲ．①恋爱-通俗读物 Ⅳ．①C913.1-49

中国版本图书馆CIP数据核字（2013）第278599号

本著作通过四川一览文化传播广告有限公司代理，由台湾采实文化事业有限公司授权出版中文简体字版。

版权所有　翻印必究

北京市版权局著作权合同登记号：图字01-2012-6004

懂你懂我，恋爱进行时

著　　者	卢丽萍
责任编辑	刘淑兰　王秋实
出版发行	华夏出版社
经　　销	新华书店
印　　刷	北京市华宇信诺印刷有限公司
装　　订	三河市李旗庄少明印装厂
版　　次	2014年1月北京第1版 2014年1月北京第1次印刷
开　　本	787×1092　1/32 开
印　　张	4.75
字　　数	10千字
定　　价	29.00元

华夏出版社　地址：北京市东直门外香河园北里4号　邮编：100028
　　　　　　　　网址：www.hxph.com.cn　电话：(010) 64663331（转）

若发现本版图书有印装质量问题，请与我社营销中心联系调换。